"十三五"规划教材

13th Five Year Plan University Textbook

播音主持艺术导论

金重建 著

BOYIN ZHUCHI YISHU DAOLUN

播音与主持艺术专业"十三五"规划教材

21世纪播音与主持艺术专业核心教材

中国传媒大学出版社
北京

**金重建**，教授、播音指导，文学博士。毕业于中国传媒大学语言学及应用语言学中国播音学方向。先后任职于浙江人民广播电台播音组、专题部，浙江广播电视集团文艺台、新闻台。现为浙江传媒学院播音主持艺术学院国家级特色专业播音与主持艺术专业项目负责人，主要从事有声语言和副语言传播的教学和研究工作。参与完成教育部人文社会科学重点研究基地重大项目1项，浙江省新世纪高等教育教学改革研究项目1项。被授予"全国语言文字工作先进工作者""浙江省先进新闻工作者"等荣誉称号。著有《播音创作主体论》《播音思辨集》等书，在国家级核心期刊发表论文多篇。

目 录 Contents

关于播音主持学科定位与人才培养的思考（代前言） / 1

绪　论 / 1
　　第一节　播音主持艺术导论的研究对象和意义 / 1
　　第二节　播音主持艺术导论的研究方法 / 2
　　第三节　播音主持艺术导论的课程安排 / 3

第一章　中国播音主持事业发展简述 / 5
　　第一节　广播播音主持事业的发展概况 / 5
　　第二节　电视播音主持事业的发展概况 / 10
　　第三节　网络播音主持事业的发展概况 / 13
　　第四节　播音主持艺术理论的研究概况 / 14

第二章　播音主持艺术的属性 / 21
　　第一节　播音主持艺术的基本属性 / 21
　　第二节　播音主持艺术的特殊属性 / 25
　　第三节　播音主持工作的地位 / 30

第三章　播音主持创作的构成系统 / 32
　　第一节　播音主持创作主体 / 32
　　第二节　文本主体 / 35
　　第三节　接受主体 / 41

第四章　有声语言的传播工具性能　/ 47

　　第一节　媒体有声语言创作研究的主要对象——传播用语　/ 47
　　第二节　普通话音节结构和发音特点　/ 52
　　第三节　语言和语音、语音和字音的区分　/ 59
　　第四节　发声训练　/ 60

第五章　有声语言表达技巧与表达规律　/ 65

　　第一节　有声语言表达的内部技巧　/ 65
　　第二节　有声语言表达的外部技巧　/ 71
　　第三节　有声语言表达规律　/ 77

第六章　副语言的表现形态、创作功能与表达规律　/ 84

　　第一节　副语言的表现形态　/ 84
　　第二节　副语言的创作功能　/ 87
　　第三节　副语言的表达规律　/ 90

第七章　播音员、主持人的政治文化素质和策划采编素质　/ 93

　　第一节　政治文化素质　/ 93
　　第二节　策划采编素质　/ 95

第八章　播音主持的语体分类与创作特征　/ 99

　　第一节　谈话语体的创作特征　/ 99
　　第二节　报道语体的创作特征　/ 101
　　第三节　政论语体的创作特征　/ 112

第九章　播音主持的"语体交融"与创作特征　/ 118

　　第一节　融合报道、文艺、评论等各类语体特点的"通讯"　/ 118
　　第二节　融合报道语体与谈话语体特点的"说新闻"　/ 126
　　第三节　呈现谈话语体特点的"专题访谈"　/ 129
　　第四节　融有声语言与画面于一体的"电视片配音"　/ 141

第五节　融有声语言与音乐、音像于一体的"文艺播音" / 150
第六节　播音主持的表达样式 / 151

第十章　播音主持创作水平的提升路径与基础 / 169
第一节　感性、知性、理性、悟性 / 169
第二节　播音主持创作风格的形成 / 174
第三节　播音主持艺术的创作前景 / 183

参考书目 / 186
后　　记 / 187

关于播音主持学科定位与人才培养的思考
（代前言）

一、中国播音学是社会历史发展的产物

1. 中国播音学的诞生

中国广播如果从1923年中国境内出现第一座广播电台算起,至今92年;从中国共产党第一座广播电台——延安新华广播电台1940年12月30日开播算起,至今75年;中国电视如果以1958年9月2日北京电视台的对外正式播出为标志,至今57年。中国广播电视史的研究,如果从1924年曹仲渊写的《三年来上海无线电话之情形》算起,至今91年。中国播音学的理论萌芽如果从叶圣陶于1932年12月23日《申报·自由谈》上发表的《文明利器》一文算起,至今83年;而中国播音学作为一门成体系的学科如果从1994年10月《中国播音学》的出版算起,仅21年。

2. 播音主持的概念、地位与中国播音学的研究对象

播音主持指的是广播、电视、互联网节目中播音主持创作主体通过有声语言和副语言所进行的传播活动。它决定了播音主持一直以来所处的传播前沿地位。

中国播音学是研究大众传播领域有声语言和副语言创作活动及其规律的一门新兴学科。大众传播领域播音主持创作主体的有声语言和副语言创作活

动及其规律,就是中国播音学的研究对象。

美国社会学家库利在1909年出版的《社会组织》一书中,对传播下的定义说:"传播指的是人与人关系赖以成立和发展的机制——包括一切精神象征及其在空间中得到传递、在时间上得到保存的手段。它包括表情、态度和动作、声调、语言、文章、印刷品、铁路、电报、电话以及人类征服空间和时间的其他任何最新成果。"[①]

库利这段话中提到的表情、动作,加上眼神、发型、化妆、服饰等,就是中国播音学所说的副语言。库利所指的态度、声调,加上语气、节奏、停连、重音等,则是中国播音学所说的有声语言。按照索绪尔的语言学理论,语言是一个符号系统,是能指(音位)和所指(义位)的结合体。人们对语言的使用可称为言语。语言是一般的、社会的、普遍的规则,如同一本字典或词典。言语则是个别的、个人的、特殊的,它既借助字典或词典的规则,又更重视结合规定语境而对语言进行灵活的运用。因此,写出来的与说出来的,都可归为言语。

中国播音学研究中所指的有声语言,并非仅指书面语言的音声化,它既包括文本语言,即上面所说的书面语言,也包括口头语言,即节目现场临场发挥的声音语言。这种即兴口语有一个大脑思维的信息符号转化过程,在其未形成口头语言前,我们称其为内部语言。因此,播音主持创作活动应当包含从文本语言和内部语言向有声语言和副语言转化的过程。所谓对文本语言和内部语言的"转化",意味着播音主持创作主体对文本语言和内部语言所反映的主客观世界,不仅有着对文本主体意图、思想的正确反映,同样有着播音主持创作主体自身的某种认识体验和理解感受。在播音主持创作主体自身认识体验和理解感受的基础上,结合接受主体的理解接受水平,运用有声语言和副语言进行恰如其分的表达,这就是中国播音学所称的"创作"。

广播、电视、互联网作为大众传播媒介,是联系党、政府和人民群众的桥梁纽带,是党、政府和人民的"喉舌"。新闻性是新闻媒体的根本属性。处于新闻媒体传播前沿的播音员、主持人,要正确传达党的路线、方针、政策,反映广大人民群众的呼声、愿望和需求。这是大众传播区别于人际传播的一个重要特征,是中国当代各级媒体的播音员、主持人应肩负的职责与使命。

---

① 郭庆光:《传播学教程》,中国人民大学出版社1999年版,第2页。

二、中国播音学与其他学科的关联性及自身的特殊性

1. 语言学及应用语言学是中国播音学研究的基础

播音员、主持人的创作手段是有声语言和副语言。中国播音学要研究文本语言和内部语言如何转化为外部的有声语言和副语言。播音员、主持人运用汉语普通话进行表达,要遵循汉语普通话的语音规范和语法规则。从这个角度说,语言学及应用语言学是中国播音学研究所依托的基础。因而有人主张将中国播音学归属于语言学及应用语言学。但中国播音学有其特殊性:它基于日常的社会生活语言,却更侧重于媒体的大众传播。因为播音主持应用和研究的是通过广播、电视、互联网等各种大众传播媒介进行传播的有声语言和副语言。

2. 传播学是中国播音学的理论支撑

播音主持既然属于大众传播的组成部分,那么研究播音主持的中国播音学和传播学又有什么关系呢?从国内传播学界对传播学所下的定义看:"传播学是研究人类信息传播活动的学科。"[①]"传播学的研究对象应该是'传播过程'。"[②]"传播学是研究社会信息系统及其运行规律的科学。"[③]相对于中国播音学,传播学研究所涉领域自然要宽广得多。播音主持内涵的丰富性、播音主持创作过程的复杂性,使中国播音学的研究内容与研究对象具有独特性。作为播音主持创作主体的播音员、主持人需遵循播音主持创作规律,才能实现高效率、高质量的传播。若仅靠传播学理论来指导播音主持实践,不免有笼统生硬和"隔靴搔痒"之感。

3. 新闻学与中国播音学的建立、发展始终相伴随行

新闻学是研究新闻传播活动规律及其社会影响的一门学科,新闻性是中国播音学的重要属性。

4. 艺术学影响并丰富着中国播音学的理论研究

艺术学是研究艺术的学科,研究艺术实践、艺术现象和艺术规律。艺术包

---

① 张隆栋:《大众传播学总论》,中国人民大学出版社1993年版,第1页。
② 林之达:《传播学基础理论研究》,西南交通大学出版社1994年版,第182页。
③ 郭庆光:《传播学教程》,中国人民大学出版社1999年版,第2页。

括文学、绘画、雕塑、建筑、音乐、舞蹈、戏剧、电影、曲艺、工艺等多个门类。根据表现手段和方式的不同，又可分为表演艺术（音乐、舞蹈等）、造型艺术（绘画、雕塑、建筑等）、视听艺术（电影、电视等）、语言艺术（文学等）、综合艺术（戏剧、摄影等）。中国播音学借鉴了多个艺术门类的理论成果，其关于内外部技巧的理论借鉴了苏联斯坦尼斯拉夫斯基戏剧表演理论体系的许多重要成果。

综上所述，中国播音学依托语言学及应用语言学、传播学、新闻学、艺术学等学科发展壮大成为一门新兴学科。

学科的建立与发展必须适应社会发展的需求。早在1984年主持人节目方兴未艾之际，张颂先生就针对广播电视的特点向播音员、主持人提出"有稿播音锦上添花、无稿播音出口成章"的要求。关于播音学科的归属问题，张颂先生曾提出向一级学科努力。尽管目前播音学暂且归于一级学科艺术学之下，与表演、戏剧影视文学、戏剧影视导演等并列为二级学科，或曾放在广播电视艺术学之下作为三级学科，我想，对于这个问题，倒是可以学习运用胡塞尔的"搁置"理论，也就是将某些争议、问题或现象先放一放再说。我们把更多的精力投入到对播音主持实践的调查、分析和研究上去，也许到一定时候回过头来看，所有今天看来还是"悬而未决"的争议，明天却可能已经"迎刃而解"了。

三、语言"转化"能力的培养是播音主持人才培养的重要抓手

1. 树立播音主持的创作理念

面对现代电子媒介的发达兴盛，为了保证传播效果的优化，我们有必要强调播音主持的创作理念。播音主持创作主体的创作表现在：播音主持创作主体通过有声语言和副语言的创作手段，将自身的理解感受与文本的意图、对接受主体理解水平的认识有机统一。

2. 掌握兼收并蓄的学习方法

播音主持学科有专业基础课程和专业主干课程，还有大量必修课和选修课，比如文学艺术、新闻采编、策划创意等方面的课程。学校教育应向媒体一线的实践应用倾斜，结合播音主持的最新实践，激发学生的学习兴趣，适应今后不断变化的工作需要。

3. 强化语言转化能力的培养

就文本语言的转化而言,齐越、夏青、林如、费寄平、陈刚、方明、曹山、铁城、丁然、徐曼、雅坤、虹云等一批播音艺术家的作品至今仍熠熠生辉,那无法遏止的激情,那恰如其分的艺术处理,给人留下难以磨灭的印象。播音主持创作主体增强文本语言和内部语言的转化能力,能更好地实现各类节目的创作意图。如果我们在语言转化能力的培养方面下功夫,使学生走上工作岗位后,能拿得出经得起历史考验的作品,那么,我们的努力就算有了收获。

绪 论

内容提要： 介绍播音主持艺术导论的研究对象和意义、播音主持创作活动的研究方法以及导论课程的主要内容和进度安排。明确播音主持艺术理论与播音主持艺术实践的相互依存、相互促进和共同发展，明确研究播音主持创作活动既要立足语言传播实践，又应具备系统、多元、开拓、前瞻的理论视野。

第一节 播音主持艺术导论的研究对象和意义

一、研究对象

播音主持艺术导论的研究对象，是播音主持实践活动发生、发展的历史过程和播音主持艺术创作的一般规律。

播音主持艺术理论的研究植根于中国的政治、经济、文化、社会现实。1994年出版的《中国播音学》，标志着中国播音主持艺术理论体系的初步建立。书中指出：中国播音学是"研究中国的播音，主要是人民广播的播音"。随着我国电视事业的蓬勃发展，"人民广播的播音"这一概念，已经发展成为"人民广播电视的播音"。姚喜双所著的《播音主持概论》指出："广播是一个大概念，它包括了电视等媒介。"事实上，国外一些机构的设置，如英国广播公司(British Broadcasting Corporation, BBC)、美国广播公司(American Broadcasting Corporation,ABC)等,都不仅包括广播电台,也包括电视台。随着互联网的发展,各类新媒体相继出现。传播媒体的发展变化使播音主持概念的内涵和外延也不断发展演变。

二、研究意义

归纳起来,播音主持艺术导论的研究意义主要有五个方面:

一是有益于播音主持理论的丰富和发展。播音主持艺术虽然形成了初步的理论体系,但形势的发展要求我们进一步研究播音主持创作活动及其规律,进一步丰富和完善学科的理论体系、充实学科内涵。

二是有益于指导和深化播音主持实践。今天的实践与以往的实践有很多不同之处,但总有共同的规律在起作用。比如,对"备稿六步"的认识,就直接影响播音主持创作主体有声语言和副语言的传播效果。

三是有益于播音员、主持人素质的培养。对播音员、主持人来说,除了具备思想素质、政治素质、道德素质、艺术素质等,还必须重视有声语言和副语言创作素质的培养。

四是有益于广播电视网络节目质量的提高。播音员、主持人业务能力的提升有益于节目质量的提高。

五是有益于广播电视网络事业的发展。播音员、主持人的业务素质提高了,节目质量提高了,受众才会愿意听、愿意看节目,广播电视网络事业才会发展,从而实现传播价值和经营价值的双赢。

第二节 播音主持艺术导论的研究方法

正如《中国播音学》绪论所说:"播音,在广播电视传播系统里,是一个中介。它的前面,是广阔的社会生活、精神生活大背景,众多的人为它提供各种素材,形成创作依据;它的后面,不但有复杂的传输技术、接受器件,而且有庞大的受众群体。"[①]正因为播音主持面向广阔的社会生活、精神世界,它的创作必然是动

---

① 张颂:《中国播音学》(修订版),中国传媒大学出版社2003年版,绪论第1页。

态的、开放的。播音主持艺术导论的研究,依托于播音主持实践,既要善于观照社会发展和媒体发展,又应善于吸收哲学、美学、文学、艺术学、语言学及应用语言学、新闻传播学、心理学、逻辑学等学科的成果。

播音主持艺术导论研究的根本方法是历史唯物主义和辩证法,具体方法有以下几种:

系统法 系统作为一个整体,就要注意组成整体的各要素的联系。比如吐字发声的训练,讲究舌位的变化、讲究"气走丹田";情绪、情感的调动,讲究备稿的充分、想象的丰富、表达的到位。在话筒镜头前,必须在一定目的的统帅下,将各要素组合在一起,才能实现较好的传播效果。

全息法 所谓全息是指研究的综合性、整体性。全息的意义在于超越个体、超越系统,体现其开放性、立体性,不仅关注自身内部各要素的联系,还要关注外部各要素的联系。

比较法 所谓比较是指对两种以上事物的异同或高下进行辨别。

借鉴法 所谓借鉴是指通过对照别的人或事,来取长补短或吸取教训。

实验法 所谓实验是指为检验理论假设而从事的活动。

系统、全息的方法强调的是宏观的视野,而比较、借鉴和实验的方法则从微观角度突出研究方法的具体性、实践性。

第三节 播音主持艺术导论的课程安排

本书共十章。

绪论和第一章为播音主持艺术概述。从播音主持的概念出发,使学生了解播音主持实践与播音主持理论研究的关系;了解中国播音学与其他学科的联系和区别;了解在现代传播技术和新闻传播事业影响下,播音主持实践与理论的发展等。

第二章为播音主持实质说。介绍播音主持语音发声的属性、播音主持工作的创造性,重点强调新闻性是播音主持的基本属性;介绍播音主持声音技巧的圆熟性、体裁形式的多样性和思想感情的渗透性,说明艺术性是播音主持的核心属性。只有将文字语言和内部语言转化为有声语言和副语言,才有播音主持的艺术性可言。

第三章至第六章为播音主持创作说。在总体介绍播音主持创作主体、文本主体、接受主体三者之间的关系后，先介绍世界各国对传播用语的规范要求，然后介绍我国将普通话作为传播用语的缘由，阐释如何正确处理方言和普通话的关系，重点阐释有声语言、副语言的表达技巧。

第七章至第九章为播音主持素养说。从播音员、主持人的社会属性出发，强调播音员、主持人应在加强专业技能训练的同时，努力提高政治文化修养，提高策划创意、采编制作的能力，提高修辞炼意的能力，掌握各类语体的正确表达。其目的在于使播音员、主持人进一步明确岗位职能，增强社会服务意识和导向意识。

第十章为播音主持发展说。反映新事物、构建新语汇、创造新语境、寻求新表达，是播音员、主持人的追求。播音员、主持人不但需要继承传统，还应不囿于已有模式，不断推陈出新。

思考题：

1. 播音主持艺术导论的研究对象是什么？
2. 播音主持艺术导论的研究意义是什么？
3. 如何理解播音主持实践和播音主持艺术的关系？
4. 用系统的方法或比较的方法研究一部播音主持作品。

第一章
中国播音主持事业发展简述

内容提要：本章第一、二节从广播和电视两个方面切入，主要介绍现代电子技术的进步和新闻传播事业的发展对播音主持事业的影响。广播电台、电视台的出现，传递信息、激励斗志等传播和宣传的需要，这是播音主持应运而生的两个重要条件。第三节介绍网络播音主持。第四节介绍播音主持学术理论研究的发展轨迹，说明播音主持学科体系的建立、丰富与拓展有其现实基础和历史必然性。

依托播音主持事业的发展，播音主持学科的理论体系才得以建立、发展，并不断丰富与壮大。一定的社会、时代是播音主持事业生存、成长、发展的土壤。

第一节 广播播音主持事业的发展概况

从广播电视的萌芽、发展到成长、壮大，每一步都与现代传播技术的进步密不可分。

1920年11月2日，第一座商业广播电台 KDKA 广播电台在美国宾夕法尼亚州匹兹堡建立，创办者是美国西屋电器公司。1922年2月14日，英国创办的第一座广播电台正式播音。1922年5月27日，莫斯科中央无线电台建立。同年11月7日正式播音。

1923年1月23日，中国第一座广播电台"大陆报—中国无线电公司广播电台"在上海开播,呼号 XRO。每天播音 65 分钟。内容是音乐和新闻。开办者是美国人奥斯邦。因音质不佳,三个月后停播。1926 年 10 月 1 日,中国第一座官办广播电台——哈尔滨无线广播电台开播。每天播音两小时,内容为钱粮行市、新闻、音乐、演艺等。创建者是中国无线电工程专家刘瀚。1927 年 3 月 18 日,中国第一家私营商业电台——新新公司广播电台在上海开播。每天播音 6 小时,内容为商业行情、时事新闻、中国音乐。1927 年 5 月,中国人自行创立的第一座公营电台——由交通部主管的广播电台在天津成立,呼号 COTN。1928 年 8 月 1 日,中国国民党第一座广播电台——中央广播电台在南京开播。内容为新闻及决议案、国内国际要闻、军事消息、名人演讲、气象预报、音乐等。下面,我们介绍中国共产党领导下广播发展的几个重要阶段。

一、1940 年 12 月 30 日延安新华广播电台建立至 1943 年春延安新华广播电台停播

1937 年 7 月 7 日卢沟桥事变爆发后,日军开始向我国内地进攻,中共中央为了扩大党的抗日民族统一战线政策的宣传力度,更好地团结各族人民共同抗日,多次提出要在延安建立一座广播电台。直到 1940 年春,中央正式决定成立广播委员会负责筹建。当时的发射机房和播音室所在地王皮湾,是一个偏僻山村。播音的稿件由新华社提供。1943 年春至 1945 年 8 月,延安新华广播电台的大型电子管损坏,中断播音两年。

这一阶段,有三个"第一":中国共产党第一座电台、第一声呼号、中国共产党第一位女播音员。

1940 年 12 月 30 日,中国共产党第一座广播电台——延安新华广播电台开播。播音时间每天上午、下午各一次,每次一小时左右。内容主要有中共中央文件、《新中华报》社论、《解放》周刊重要论文、国内外新闻、抗日进步歌曲。

第一声呼号:延安新华广播电台,XNCR,现在开始播音。

中国共产党的第一位女播音员是麦风(徐瑞璋),延安新华广播电台的第一声呼号就是由麦风播出的。除了麦风,20 世纪 40 年代初期,女播音员还有姚雯、萧岩和孙茜。她们都未学过播音,但有较好的语文基础、政治基础和语言表达基础。麦风曾专门写了一篇《重返延安忆当年》的文章:

我是 1941 年初冬和姚雯同志一起来延安台当播音员的。当时，我们俩都是 18 岁。我是从大后方来的，到延安后改名为麦风，想不到，真坐到了麦克风前。因此，同志们开玩笑说："你是中国人民的第一个麦克风！"当年的播音室建在小河对岸的枣树林里，两孔土窑洞，有一条通道相连。外间是预备间，供我们备稿用，有一张木桌、一部电话和一张木板床。里间是播音室，墙上挂着陕北出产的灰色粗毛毯，地上铺着毛毡，室内有一张小桌、一条凳和一只麦克风，后来又添置了一步手摇唱机。"[1]

二、1945 年 8 月 30 日延安新华广播电台恢复播音到 1949 年

1945 年 8 月抗战胜利，解放战争爆发。在延安新华广播电台恢复播音前后，张家口台、哈尔滨台建立。延安新华广播电台播音室地点改在了盐店子，冬天又迁至裴庄，1946 年 9 月迁至大砭沟，又迁至北关，1947 年又迁回盐店子，直到 1947 年 3 月人民解放军撤出延安前夕。

这是延安新华广播电台播音队伍接受重大传播任务多、得到领导有关播音方面的指示多、传播效果较好的一个阶段。延安新华广播电台在这一阶段经历了"四次迁移"。

1. 第一次迁移：从盐店子到瓦窑堡的好坪沟

延安新华广播电台改名为陕北新华广播电台的时间是 1947 年 3 月 21 日，地点是瓦窑堡的好坪沟。瓦窑堡播音室是在一个破庙里，分上下两层，下层隔成内外两间，前一间就是播音室。

从 1945 年 8 月到 1949 年，广播电台播音组由孟启予领导。孟启予的播音独树一帜，当年的听众回忆听她的播音"使人深思，催人奋发"。解放战争爆发后，揭露美蒋"假和平、真备战"的阴谋，粉碎蒋介石的军事进攻，是当时主要的宣传任务。

就在延安新华广播电台改名前夕，1947 年 3 月 14 日，国民党空军飞机轰炸

---

[1] 中国广播电视学会史学研究委员会、北京广播学院新闻传播学院新闻系：《延安(陕北)新华广播电台回忆录新编》，中国广播电视出版社 2000 年版，第 109 页。

了7个小时,15日,轰炸了8个小时。20日,人民解放军主动撤离延安。3月28日,陕北新华广播电台撤离。

2. 第二次迁移:从瓦窑堡到太行山麓沙河村

1947年4月1日,晋冀鲁豫解放区第二战备台正式接替陕北新华广播电台。原邯郸台有于韵琴、兰林、胡迦陵三个播音员,其中于韵琴是南方人,兰林是北方人,她们模仿陕北台播音,使听众难以分辨。4月底,陕北新华广播电台孟启予、钱家楣东渡黄河到太行,中国共产党最早的男播音员之一齐越从这时起加入播音行列,另外还有夏沙、柏立等。同年9月11日,陕北新华广播电台开办英语新闻广播节目。播音员有李敦白和魏琳。

1947年5月,听完陕北新华广播电台广播蟠龙大捷和真武洞祝捷大会的消息和评论后,毛泽东称赞播音员钱家楣:"这个女同志好厉害,骂起敌人来义正词严! 讲到我们的胜利也很能鼓舞人心。真是爱憎分明。这样的播音员要多培养几个!"1947年7月,刘伯承、邓小平视察陕北新华广播电台,听完汇报后邓小平说,"你们的工作很重要。现在全国大反攻开始了,我们的部队已经过了黄河,我们很快也要过河去。部队过河以后,看不到报纸,要得到消息,就靠你们的广播了。希望你们广播的新闻和记录新闻,要注意适应部队的需要。我们在行军和作战中每天都要派人抄收。"1947年11月,陈毅接见陕北新华广播电台的同志,他对播音员说:"你们的播音有力量,听得很清楚。这个工作很重要。希望你们努力学习政治,钻研业务。"

3. 第三次迁移:从沙河村到河北平山县西柏坡村

1948年5月23日,陕北新华广播电台在平山开始播音。发射机房和播音室先设在滹沱河畔的张胡庄,后迁到窟窿峰。原晋察冀台、邯郸台的播音员先后并入陕北新华广播电台。播音组长是孟启予,副组长是丁一岚。播音员有齐越、钱家楣、李惠一、柏立、秋原、杨洁、柏培思、智世民等。

1948年5月29日,播音组接到编辑部通知说:"今天播送的中央指示,十分重要。主席亲笔指示,叫不要播错一个字。请你们万分注意。"这个指示就是毛泽东起草的《一九四八年的土地改革工作和整党工作》。那天将近晚上7点接到稿件,晚8点就播出,字数有3300个,直播者是齐越。通过阅读理解,齐越又和其他播音员交换具体播法。最终,他出色地完成了这次播音任务。

1948年9月24日,陕北新华广播电台在当天节目快结束时,临时决定加播号外:济南解放。男女声共轮番播出7遍,既体现了广播的即时性,又体现了播音员们的语言功力。

4. 第四次迁移:从西柏坡村到北平

1949年1月31日,北平和平解放,齐越等播音员在徐迈进带领下接管国民党北平电台。1949年3月25日,陕北新华广播电台改名为北平新华广播电台。

1949年4月21日,北平新华广播电台播出毛泽东主席、朱德总司令的《向全国进军的命令》。毛泽东撰写的新闻稿《我三十万大军胜利南渡长江》《人民解放军百万大军横渡长江》,均由齐越播送。

1949年6月5日,新华社"口播部"改为"中央广播事业处",处长是廖承志,副处长是李强。1949年10月,中央广播事业处扩充为"中央广播事业局",局长是李强。1949年12月5日,北平新华广播电台第一台正式定名为"中央人民广播电台",第二台改名为"北京人民广播电台"。

三、1949年至今

这一阶段,随着中华人民共和国的诞生,国家由战争转入和平建设。1949年10月1日,北平新华广播电台对开国大典进行实况转播,这是该台第一次大规模的全程转播,由播音员齐越和丁一岚主持。

1950年,中央人民广播电台开播《首都报纸摘要》,1955年改为《新闻和报纸摘要》,先是在晚间播出,后改在早晨6点30分播出。1951年,中央人民广播电台开播《各地人民广播电台联播》节目。1993年改名为《全国新闻联播》,晚间8点播出。播音风格庄重朴实,节奏明快流畅。在20世纪80年代电视普及之前,这两档节目是全国各地人民了解时事政策的主要渠道。

1954年,湖北人民广播电台播出的广播特写《冰雪除夕夜——汉水公路桥工地特写》,通过现场描述和现场采访,反映了工地上人们冒着寒冻打桩接管的感人事迹,富有时代感和现场感。

1960年2月,中央人民广播电台播出通讯《为了六十一个阶级兄弟》,记述了山西省平陆县一起从死亡线上夺回61条生命的事迹。齐越的播音惊心动魄、感人肺腑,反响强烈。

20世纪60年代初,中苏两国关系紧张,中共中央"九评"苏共中央公开信由夏青等播音员播出,形成了当时气势磅礴的播音风格。

20世纪六七十年代,广播除了报道新闻,还提供教育和娱乐,丰富了人们的生活。

1966年2月7日,中央人民广播电台由齐越播出的长篇通讯《县委书记的榜样——焦裕禄》,感动了千千万万的广播听众。

改革开放后,播音创作从播音的降调开始探索,既是对"文化大革命"宣传基调的反思,也是对新时代宣传思路的开拓。

随着人们物质生活和精神文化需求的增长和现代电子技术的飞速发展,广播从长、中、短波单声道到调幅、调频立体声,广播的接收工具从台式收音机到便携式收音机再到手机、车载接收装置等各种移动应用终端的出现,推动着广播频率及其传播内容的细分化,如经济、文艺、音乐、戏曲、交通、城市等专业频率的开办,扩大了节目种类,丰富了节目内容。播音主持的有声语言样式也随之发生了变化,如新闻评论、调查纪实、社会教育、生活服务等节目,除了播报式、宣读式,谈话式成为主要的表达样式。在综艺娱乐类节目中,播报、宣读、谈话、朗诵几种表达样式兼而有之。

第二节 电视播音主持事业的发展概况

一、电视技术的进步

与广播一样,技术进步和社会需求是电视播音主持发展的两个主要原因。世界上最早的电视台是BBC ONE,也就是英国广播公司一台提供的BBC电视服务,1936年11月2日正式播出。1958年5月1日,中国第一座电视台——北京电视台试播,同年9月2日正式播出。10月1日,上海电视台开始试播。1973年5月1日,彩色电视在中国试播。1976年7月1日,北京电视台试播《全国电视台新闻节目联播》,1978年元旦,正式定名为《全国电视台新闻联播》(今《新闻联播》)。1978年5月1日,北京电视台改名为中央电视台。1980年,中央电视台增加国际新闻。1980年10月,中央电视台开始用微波干线收录各地电视台新闻,改变了使用胶片的历史。节目时长从20分钟增加到30分钟。

1996年1月1日起,《新闻联播》由录播改为直播。2003年前后,在无线电视、有线电视基础上,数字、网络电视以及各种移动传输终端等纷纷涌现,电视、电信、互联网呈融合状态。2013年4月1日,中央电视台新闻频道官方微信"央视新闻"正式上线。传统媒体纷纷探索与新媒体的整合发展。

二、以中央电视台为例看电视播音主持事业的发展

1. 中央电视台第一位播音员与第一位主持人

1958年5月,北京电视台试验播出,并于同年9月正式播出,第一位电视播音员是沈力。她不仅播报新闻、社教、文艺和体育节目,还参加天安门节日庆祝实况、大型文艺晚会转播。她塑造了一个端庄、文雅、大方、真诚的电视屏幕形象,被称作"中国荧屏第一人"。

1982年,中央电视台设置《为您服务》栏目,设置固定的节目主持人。1983年1月1日,《为您服务》以崭新的面貌与观众见面,沈力成为中国电视史上第一位主持人。

2. 新闻节目的设置与电视纪实片的播出

1979年9月12日,中央电视台《新闻联播》播出记者用长镜头抓拍的《王府井停车场见闻》。通过一些领导干部子女"五一"乘公车购物游玩的情景纪实,批评特权思想和不正之风,开了电视舆论监督之先河。

1983至1984年每周日晚,中央电视台播出陈汉元制作、任卫新撰稿、陈铎和虹云解说的电视纪录片《话说长江》。从长江源头说到入海口,从天文地理说到风土人情,全片结构清晰、节奏明快,播音气势磅礴。

3. 直播技术的发展

1958年6月,北京电视台试播一个月后,于6月15日直播了中国第一部电视剧《一口菜饼子》,6月19日直播了"八一"男女篮球队和北京男女篮球队的友谊比赛。前者是在演播室以直播方式播出,后者是中国电视的第一场户外现场直播。1959年,北京电视台首次直播了国庆10周年的天安门阅兵式和盛大的群众游行。1961年6月30日,北京电视台直播了庆祝中国共产党成立40周年大会。真正把直播作为一种报道手段是20世纪90年代后期,特别是1997年

香港回归72小时直播报道。从2008年汶川地震到2015年"纪念抗战胜利70周年"48小时特别节目,直播技术已渐趋成熟。从实况转播解说到现场主持报道,播音主持的岗位职能有了不同要求,直播前后的预案和总结日渐完善。

4. 电视节目主持的兴起

(1) 1983年第一轮电视改革,各类节目启用主持人

1983年3月31日,第11届全国广播电视工作会议在北京召开。会议确定的奋斗目标"到本世纪末,使我国广播电视事业进入世界先进行列"和广播电视业务方针"扬独家之优势,汇天下之精华",为广播电视节目改革指明了方向。1983年,中央电视台播出电视系列片《话说长江》、杂志节目《九州方圆》。电台播音员作为主持人加入电视节目解说行列。1983年,中央电视台创办《春节联欢晚会》。电视播音员只在晚会开场前作介绍,由电影演员、话剧演员和相声演员主持整台晚会。

(2) 1993年第二轮电视改革,注重挖掘培养主持人的记者素质

1993年5月1日,《东方时空》开播,这是中国第一个日播的"电视新闻杂志"栏目,节目主持人从有采访经验的记者中选拔。1996年1月1日,《新闻联播》直播。从新闻的时效性来看,直播更符合新闻的规律,但也对播音员提出了更高的要求。1996年5月17日,深度报道栏目《新闻调查》开播。

(3) 2003年第三轮电视改革,主持人的直播能力得到锻炼

2003年3月20日,中央电视台直播伊拉克战争。2003年5月1日,新闻频道开播。新闻报道内容的拓展和形式的创新,要求播音员、主持人更加关注社会热点,贴近社会、贴近实际、贴近百姓。

(4) 2008年第四轮电视改革,拓宽了主持人的视野

2008年1月,新闻中心进行改革,成立《新闻联播》编辑部。原有的新闻编辑部、新闻采访部、社会新闻部、新闻评论部合并成新闻专题部、新闻采编部和社会专题部三大部门,另外成立了国际新闻部。地方新闻部、军事新闻部、制作部和综合部给予保留。新闻机制改革,对主持人的文化知识储备要求进一步提高,提升了节目制作人员的团队意识。

2008年3月24日,《新闻1+1》正式亮相。所谓"1+1"即一位主持人、一位新闻观察员在演播室展开双人谈话,并配以短片、现场报道、电话连线等形式,选题来自时事政策、公共话题、突发事件三大类。

2008年,《新闻联播》作出调整,决定在重大节日和重大事件发生时,以配发

"本台短评"的形式凸显主流媒体的声音。

2009年,新闻频道改版时曾经试行过24小时直播,由于各种原因被取消。2011年5月7日,新闻频道宣布再次改革——恢复24小时全天候直播方案。如遇重大事件,直播时间不仅加长,还将安排评论员进行直播评论。要求评论员有自己的观点,能引起观众的思考。

2013年,《焦点访谈》《新闻联播》等节目都进行了改版。《焦点访谈》加强了突发性新闻的深度报道,加大了社会民生类节目的比例,调整了主持人的播报方式。《新闻联播》继续增加民生和国际新闻的报道量,新闻主播的播报方式更注重贴近性、贴近新闻事实、贴近受众心理。

2013年4月1日,新闻频道官方微信"央视新闻"主打"突发新闻""视频新闻""语音互动"三项内容,每天由新闻频道主持人与观众就热点话题进行互动。观众在遇到突发事件时,可通过文字、语音或者视频报道直播现场情况,第一时间发表对新闻的评论和看法。

从有稿播音到现场报道,话语样式从宣读式到谈话式,电视有声语言和副语言的创作越来越丰富多样。从教育者姿态的"灌输式"到交流者姿态的"渗透式",从第三人称的转述到第一人称的陈述,播音员、主持人的创作手段有了巨大的变化。2013年广播电视微博微信的开通,更推动了播音主持形式的变革。

第三节 网络播音主持事业的发展概况

20世纪末以世界信息高速公路的建设为开端,引发了通信和传播领域的持续改革。围绕扩大消费人群、增加赢利份额,技术革命和市场竞争互相推动,互联网、电信网和广播电视网从三网竞争到三网融合。

2013年1月,国家广电总局发布《关于促进主流媒体发展网络广播电视台的意见》。3月,国务院机构改革和职能转变方案公布,国家广电总局和新闻出版总署整合,组建国家新闻出版广电总局。5月,百度收购PPS视频业务全部股份,将PPS业务与爱奇艺合并,爱奇艺成为中国最大的网络视频平台。6月,中央电视台所属24个公共频道采用网络化制播技术播出,成为全世界首家采用全流程网络制播系统的国家电视台。12月,中央人民广播电台国家应急广播中心揭牌，国家应急广播社区网站(cneb.cnr.cn)同时上线。此外还有中国纪录片网、浙江华数云平台、中央电视台微电影频道、中国国际广播电台英语环球广播资讯台等获批上线。

广播电视作为传统媒体开始尝试跨界传播，三网融合引发网络、平台、终端融合形成的视听新媒体，使播音主持事业获得新的发展空间。手机、平板电脑、家庭媒体网关、数字电视机顶盒等接收终端的多元，节目内容和形式的改变，都对播音员、主持人提出了新的要求。

2013年4月，四川雅安芦山县发生7.0级地震，中央电视台以卫星直播方式报道，主持人既在直播室主持、电话连线一线记者和嘉宾，又作为记者深入一线采访报道。中央人民广播电台开播国家应急广播——芦山抗震救灾应急电台，主持人在台网互动模式中，通过点对点的信息服务，发挥了政府"大喇叭"和百姓"求助台"的良好中介作用。

2013年6月，"神舟十号"载人飞船和"嫦娥三号"探测器登月，中央电视台采用虚拟演播室技术展示着陆器着陆过程和宇航员生活、工作等情况，要求主持人将虚拟场景和现实情景通过想象、联想有机结合。

2014和2015年，传统媒体和新媒体的合作与融合进一步加强，在节目内容生产方面更加重视原创性，例如2014年的《舌尖上的中国》《中国汉字听写大会》、2015年的《挑战不可能》《大开演界》《歌者无敌》《最野假期》等。

第四节　播音主持艺术理论的研究概况

中国播音主持艺术理论的研究，推动着播音主持实践不断向前发展。张颂先生曾将中国播音主持艺术理论的发展概括为四个时期：萌芽期（1923—1961）、草创期（1962—1981）、形成期（1982—1994）、发展期（1995年至今）。

根据张颂先生撰写的《中国播音学发展简史》，这里对各个时期的理论成果进行梳理。

一、萌芽期(1923—1961)

萌芽期以1949年中华人民共和国成立为界，可分为两个阶段：新中国成立前与新中国成立后。新中国成立前又有国统区和解放区之分。在国统区,关于播音的文献较少。但是叶圣陶、鲁迅、茅盾等人针对当时的广播节目内容和播音状况所发表的言论发人深省。

叶圣陶于1932年12月23日在《申报·自由谈》上发表了《文明利器》一文。文章针对当时广播的传播状况,既肯定了文明利器在传播意义上的工具性价值,更明确了附着于工具之上的社会文化价值的重要性。文章指出:"收音机这家伙如果能好好利用,譬如说,用来团结大众的意志,传授真实的知识,报告确切的消息……那么,从社会的观点说,它的价值的确是了不起的。""一切所谓'文明利器',其价值都不仅在于其本身,更在于其对社会的影响。"叶圣陶的文章虽然没有直接谈及播音主持,却对播音主持的性质和任务有着宏观上的指导意义。

鲁迅于1934年发表了多篇杂文,如《偶感》《知了世界》《儒术》《奇怪》等,评述了当年上海民营广播电台的节目。这些杂文揭露了广播媒体为剥削阶级服务的本质,批判了广播迎合低级趣味的状况。

茅盾于1937年8月28日在《救亡日报》上发表了《对于时事播音的一点意见》一文,对当时的时事播音进行了评述,指出不必死板地讲读报纸,应该变换作风。茅盾的建议已经涉及播音创作和播报样态变化创新的问题。

在解放区,广播是比较有力的宣传武器。所存文献显示了播音主持艺术理论开始有了萌芽。

1948年5月至9月,当时负责新华社语言广播工作的领导同志梅益、徐迈进、温济泽等,经常写信给陕北新华广播电台播音组,提示宣传要点,要求语言规范、播读正确、立场鲜明、编播兼顾等。1948年下半年,陕北新华广播电台要求播音员"播音时必须严格依照稿件,不得错漏或更改一字","如发现错播,应立即重播","若系重大错误,应请示编辑部负责人,正式发表更正"。1948年9月,孟启予和齐越分别撰写《十天播音工作个人总结》,详细地记录了各自播音中字音错误、语句错漏、断句不当、语气把握不准等问题和改进的办法思路等。

中华人民共和国成立以后,广播覆盖面更广、要求更加规范,一些政策文件的出台和一些业务交流对播音研究起了很大的促进作用。

1949年3月,陕北新华广播电台迁至北平,改名为北平新华广播电台后,制定了《北平新华广播电台训练播音方法》,有选择播音员的标准,有播音应注意的事项、应遵守的制度，还有怎样准备稿件，如何掌握抑、扬、顿、挫、快、慢、轻、重，如何表达语气、情感等，可以说较早、较系统地论述了什么是播音。

1952年12月2日，第一次全国广播工作会议在北京召开。会议期间，由中央人民广播电台专门主持召开播音工作座谈会。除了讨论播音工作的性质、任务、作用等，还讨论了练声的业务问题，特别提出"播音员不是传声筒"，而是"有丰富政治情感和艺术修养的宣传鼓动家"，"应是人民的喉舌，要使自己的声音真正表现出伟大的中华民族的气魄，要使自己广播的一言一句都深深打动人心"，对今天的播音主持实践仍具有指导意义。

1954年7月，齐越作为中国广播代表团成员去苏联学习，回国后传达了苏联的播音经验、翻译了苏联播音员撰写的文章，其影响是深远的。当时，中央人民广播台播音组学习借鉴苏联播音经验，总结自己的播音体会，经过全体播音员讨论，写出了五篇文章：《播音员和播音工作》，徐恒执笔；《克服报告新闻的八股腔》，夏青执笔；《播社论的体会》，李兵执笔；《把现实中的情景鲜明地再现在听众面前》，张洛执笔；《播音员和实况广播》，齐越执笔。这是最早总结我国播音工作经验的文章，已经涉及播音管理和不同语体的播音创作方法。

1955年3月，全国播音业务学习会在北京召开，这是新中国成立后由中央广播事业局召开的第一次全国性的播音会。局长梅益的讲话涉及播音创作的方向、播音工作的态度，以及创作手段、情感、技巧和修养等多方面的问题。会议专题报告的内容包括台词、朗诵、语音学知识、发声机理与方法、嗓音锻炼与保护、戏剧表演体系及演员修养等。这次会议明确了对播音的性质、地位和作用的认识，丰富了播音表达方法，形成了播音创作的基本架构，为构筑中国播音学打下了坚实的基础。

这里，特别要强调的是左荧在这次业务学习会上作的发言，这个发言以《播音是一种语言艺术活动》为题发表在当年的《广播业务》试刊号上。文章认为，"播音工作是一种创造性的艺术活动"，要达到吸引听众的目的，必须研究"播给谁听——播音的对象""播些什么——广播内容""为什么播讲——播音的最高目的性""怎样播讲——播音技术"的问题。其中，"播音技术"其实就是播音的"艺术"。这就是所谓的"播音四要素"。张颂先生认为"这篇文献是左荧同志对播音理论的重要贡献，尤其是他对于播音的四个要素的阐释，凸显了他的真知灼见，具有深远的理论价值和实践意义"，"并成为中国播音学进入草创时期的前奏,为《中国播音学》专著的诞生,奠定了重要的学术基础"。左荧深谙播音艺术。他说:"任何艺术创作都有其独特的个性。因此,我们反对两种倾向:一种是单纯自我表现,一种是机械模仿。"而早在1951年3月1日编印的《广播通报》第2卷第1期上,他发表的《从"编播合一"谈到播音应该专业化》一文,就提出"好的播音应是亲切而有诱惑力的,使人们一打开机子就不能不听我们的播音,听就不能不听完,听完久久不能忘怀"。

在中国播音主持艺术理论萌芽期,黄皮书《苏联播音经验汇编》、白皮书《播音业务》、蓝皮书《全国播音经验汇辑》是对当时播音经验的总结和推广,也为播音理论的建立提供了基本的思路。但如张颂先生所说:"虽然有不少真知灼见,但明显地带有零散的经验色彩和斯坦尼斯拉夫斯基表演体系的印记。"

二、草创期(1962—1981)

中国播音理论的草创期和萌芽期不同,它不仅伴随一线的播音主持实践,同时伴随播音主持的教学实践。1962年,齐越先生前往上海电台参加播音组的座谈会,就播前、播出、播后三个播音工作环节发表讲话。讲话谈到播前和编辑一起合作备稿,是实现高质量表达的关键;播出时,注意力必须集中到传达稿件的思想感情和内容上,这是完成传播目的的重要保证;播后应虚心听取各方意见,认真辨别,扬长避短。齐越的讲话特别谈到播音创作的三个出发点和分析掌握稿件的三要素。三个出发点:从内容和形式出发,从人民播音员即党的宣传员身份出发,从播音员的具体条件出发。三要素:是什么、为什么、对谁讲。也就是要求播音员根据内容、围绕目的、明确对象、运用技巧,将党和人民的声音传达好。

1963年9月,北京广播学院正式招收播音专业的学生。开设了"发声教学""基本表达"(时称"语言逻辑")等课程,涉及播音的性质和任务、播音创作的目的、用气发声以及内外部技巧等方面。播音理论体系开始建立起"一定的格局和基本观点框架",阐明了"正确的创作道路""新中国播音风格""播音表达规律"等内容。1979年,"文革"结束后,播音理论学习、播音业务培训、播音基本语言训练重新被提到议事日程上来。

1981年8月,第二次播音经验交流会在北京召开,这次会议重点讨论了新闻播音的特点和当时新闻播音存在的主要问题。会议提出了播音工作必须根据改革需要,勇于创新,探索新的播音方法,还提出了"大胆创新、百花齐放"的口号。会后,全国各地播音员贯彻会议精神,认真学习和实践,在播音业务和理论建设方面,都取得了可喜的成绩。当时,还出版了《话筒前的工作——全国播音经验交流会材料选编》一书。

三、形成期(1982—1994)

1982年1月,张颂先生发表《研究播音理论是一项紧迫的任务》一文,构筑了播音主持艺术理论研究的框架,并由此拉开播音主持理论研究全面发展的序幕。夏青先生针对当时播音主持界还存在理论研究显得"无足轻重、鲜有问津者"的情况,指出:"本文在这方面,提出了体系的构想,呼吁同行作为一项紧迫的任务,向理论的深度和广度进军。"1983年,张颂先生出版的专著《朗读学》,更是成为中国播音主持学科建设的前奏。

《朗读学》的主要内容包括朗读规律、具体感受、态度情感、目的对象、朗读状态以及停连、重音、语气、节奏等朗读技巧。虽然《朗读学》一书是针对朗读、立足于朗读的独特性进行建立学科体系的努力,但其中涉及有声语言创作的基本要求、基本流程、基本规律,构筑了播音主持创作基础理论的基本框架。

1985年开始,"中国播音学丛书"陆续出版,如张颂著《播音基础》(1985年)、徐恒著《播音发声学》(1985年)、吴郁主编《播音学简明教程》(1988年)、毕征主编《播音文体业务理论》(1989年)、张颂等著《论播音艺术》(1990年)、姚喜双著《播音风格探》(1992年)等,为中国播音学理论体系的形成做了充分的前期准备。

1986年,全国播音学术研讨会在银川召开。1987年,中国广播电视学会播音学研究会(后改为播音学研究委员会)在北京成立。学会的成立对于全面、深入地开展播音理论研究,起到了极大的推动作用。

1994年2月,张颂先生所著的《播音语言通论》出版。该书针对当时广播电视事业发展过程中出现的无视语言规范、轻蔑语言功力的观点和理论,特别是有导向性错误的诸种偏见进行了回应和驳斥。书中以播音主持艺术为重点,对播音学科的地位与作用、播音语言的性质与特点、内涵与外延等问题,进行了全面、充分的论证。这本书对广播电视语言传播存在的危机,提出了相应的对策;还就广播电视语言传播如何面对当下、继承传统、走向未来,从受众、队伍、竞争、前景等几个层面进行了分析论证。

1994年10月正式出版的《中国播音学》是中国播音学理论体系形成并开始走向成熟的重要标志,也宣告了一个新学科的诞生。《中国播音学》由张颂主编,汇集了我国播音学研究领域专家、学者的研究成果。该书包括"导论""发音""创作""表达""业务"4编共40章66万字,规模宏大。该书不仅明确了中国播音学的学科定位,而且在理论、方法、指导思想和实践性等方面都具有较高的起点,初步建立了中国播音学理论的严密体系。

四、发展期(1995年至今)

《中国播音学》《播音语言通论》出版以后,播音主持的理论研究进一步深化、拓展。1998年姚喜双出版的《播音学概论》,对播音学科的独立性作了全面的阐述,并给予美学观照;1999年,吴郁出版的《主持人的语言艺术》,阐述了语境、语用规则、语言功力、语言风格和主持人节目的语体特征等问题,对不同类型主持人节目的语言表达进行分类研究。1999年,李晓华的《广播电视语言传播发声艺术概要》,对播音主持发声进行了历史梳理和理论阐释。此外还有祁芃的《播音主持心理学》(1999年)、陈京生的《电视播音与主持》(2000年)、鲁景超的《广播电视即兴口语表达》(2000年)等,从不同角度对播音学研究进行了拓展。

从1999年开始,由中国传媒大学播音主持艺术学院与中国广播电视学会播音学研究委员会编辑出版的《播音主持艺术》,每年一辑,截至2015年已出版14辑,文集的内容包括历年的获奖论文,涉及基础理论研究、教学研讨、人物访谈、一线实践等。文集的出版,丰富和推动了中国播音学的研究。

2003年,修订后的《中国播音学》再版,将业务部分分为广播播音与主持、电视播音与主持。2003年,张颂先生出版《朗读美学》,把对有声语言表达的要求提高到了审美的高度。从1997年开始,张颂先生在各种刊物上发表了数十篇论文,这些论文被分别收入《语言传播文论》(1999年)、《语言传播文论》(续集)(2002年)、《语言传播文论》(第3集)(2006年)。2009年张颂文集《播音主持艺术论》出版。在这些论文中,张颂先生对中国播音学的研究进行了进一步的深入和拓展,使中国播音学理论研究体系以播音主持为核心,涉及语言学及应用语言学、新闻传播学、哲学美学等诸多学科领域,涵盖了三个子系统:广播电视语言传播系统、播音主持理论系统、大众传播和人际传播的关系系统。

在张颂先生的指导下,中国播音学博士论文陆续出版。其中有《语言传播人文精神的阙失与重构》(李凤辉)、《当代广播有声语言的创新空间》(柴璠)、《播音创作主体论》(金重建)、《中国电视节目主持人文化影响力研究》(曾志华)等,张颂先生都亲自写序,发表有关播音主持研究的最新见解。张颂先生的著作《朗读学》《播音创作基础》《播音语言通论》也分别作了修订。

思考题:

1. 为什么说新闻传播事业的发展影响着播音主持事业的发展?
2. 你认为网络播音主持相对于广播电视播音主持有哪些新变化?
3. 简述播音主持艺术理论研究的发展分期及其重要成果。
4. "播音四要素"是谁提出的,请说出其含义。
5. 中国播音主持学科理论体系建立的标志是什么?
6. 请简要论述张颂所著《播音语言通论》一书的主要贡献。

第二章

播音主持艺术的属性

内容提要：本章第一节通过介绍播音主持语音发声的属性、言语交流的传播性和创作境遇的应变性等，说明新闻性是播音主持艺术的基本属性；第二节明确艺术性是播音主持艺术的核心属性；第三节重在阐明播音主持在传媒领域的地位和作用。

第一节 播音主持艺术的基本属性

一、播音主持语音发声的属性

1. 自然属性

（1）生理性。语音发声声源的振动靠的是人体的发音器官，即声带和共鸣腔。胸腔、喉腔、口腔、鼻腔都是共鸣腔。其中最灵活的是口腔，口腔通过舌、齿、唇和软腭的变化而变化。鼻腔共鸣主要通过软腭的升降运动和声束冲击硬腭的不同位置来调节。

（2）物理性。通过人体发音器官这一声源的振动，引起空气的振动而产生振动波，也就是声波。

以上两者也统称生理物理性。

2. 社会属性

（1）心理性。通过所表达的内容（包括事实、道理的说明阐释和思想、情感的表达抒发），来打动受众，是播音主持语言传播的本质要求。语言的产生和接受理解的过程是人的心理活动的过程。

（2）艺术性。播音员、主持人对内容形式把握程度的不同，表达技巧运用水平的不同，都会产生迥然不同的传播效果。怎样才能达到较好的传播效果呢？就表达而论，要求播音主持语言具备一定的艺术性。

3. 生理物理性、心理性、艺术性三者的关系

生理物理性是表层形态，是基础。所谓表层形态，是指有声语言的语音层面。说它是基础，因为它既可以反映一般意义的浅层信息，也可以反映特殊意义的深层信息。比如，唐代诗人孟浩然的《春晓》："春眠不觉晓，处处闻啼鸟。夜来风雨声，花落知多少。"不同学识、不同社会阅历、不同表达水平的人朗诵这首古诗时，传达出的信息内涵是不同的。

心理性是内在实质，是目的。所谓内在实质，是说有声语言的表达，是以传受双方的共鸣为目的的。传受双方能否产生共鸣，主要取决于传播内容及播音主持创作主体的表达。仍以孟浩然的《春晓》为例。如果朗诵者没有一定的社会阅历，读到"夜来风雨声"时就不会产生联想和想象，对后面"花落知多少"，就不可能有深刻的理解。所谓深刻，就表达而言，就是加入了朗诵者的理解。没有这种深层信息，就很难展示诗中所蕴含的意味。

艺术性是手段。这是因为有声语言表达的艺术性，首先是以播音主持创作主体对传播内容与形式的认识、理解为前提的，以表达的方式是否合适、分寸的把握是否恰当为创作准绳的。如果没有掌握一定的表达手段和技巧，传播效果就会受到影响。因此，有了艺术性，播音主持创作主体才有可能使受众感受到语言的艺术美。

有声语言表达是否有标准？答案是肯定的。比如，音正语顺、表达流畅是一般要求，言简意赅、所言必中是创作要求，深入浅出、言近旨远则是美学要求。但无论是一般要求、创作要求还是美学要求，都离不开语言表达的生理物理性，嗓音圆润、言语规范是大众传播的基础。

加强心理性探察，着力艺术性研究，通过生理物理性展现，三者缺一不可。

只有三者结合,才称得上是有声语言创作,才有播音主持语言美可言。

二、播音主持工作的创造性

播音主持创作主体只有将自己的理解感受、审美追求融入有声语言表达,才称得上是播音主持创作。具体来说,播音主持工作的创造性表现在以下几个方面:

1.语言交流的传播性

所谓语言交流的传播性,是指播音主持创作活动是一个心理—生理—物理—生理—心理的过程。播音主持与日常谈话的区别,主要表现在以下三个方面:

(1)交流活动的残缺性,凭"对象感"解决。

(2)除了说自己的话,还要把别人的话转化成自己的话。

(3)自己代表的是党、政府和人民,是党、政府和人民的"喉舌"。

第一个方面是由传播技术特性所决定的。播音主持创作主体要做到"目中无人,心中有人",即使"目中有人",如现场报道、现场访谈、现场主持,仍要坚持"心中有人",因为受众才是传播和服务的对象。

第二个方面是由语言传播特性所决定的。播音主持创作主体不能只是把稿件转变成有声语言,而要有"转化"的过程,"转化"就是要尽可能把自己的理解、感受、个性结构系统、审美理想追求,融入有声语言。

第三个方面是由媒体性质定位所决定的。播音主持创作主体要有个性,但要符合节目、栏目的需要。

2.创作境遇的应变性

(1)声像转化的创造性

播音主持创作主体要对稿件进行分析,通过联想、想象,表达稿件内容,针对现场发生的客观事实,进行即兴口语表达。所以,播音主持创作主体要把握社会脉搏、体察人生百态、流露真情实感、传播人文精神。

(2)创作动态的适应性

①传播的时效性

传播的时效性由新闻的时效性决定。播音员、主持人应随时准备应对各种突发情况,因此需要播音员、主持人具备以下两种基本能力:一是狭义备稿能力。这是为广义备稿在创作表达方面所打的基础。二是广义备稿能力。这是狭义备稿的前提,是把握全局,增强即兴、应变能力的基础。[①]

②内容的广泛性

播音主持创作主体需要具备驾驭全局,适应各种内容、形式的节目和不同受众需求的能力。

③表达的日常性

播音主持创作的鲜明特点是创作的紧张性和连续性,因此播音主持创作主体要反应敏捷,要有毅力和耐力,要善于"从零开始",要树立强烈的当下意识。

三、播音主持艺术的基本属性——新闻性

从播音主持语音发声的属性、播音主持工作的创造性,可以认识到新闻性对播音主持的重要影响。播音员、主持人归属于一定的媒体,媒体的新闻传播性质决定了播音主持的基本属性是新闻性。

什么是新闻?徐宝璜先生认为:"新闻者,乃多数阅者所注意之最近事实也。"[②]这个定义,首先确立新闻的根本性质是"事实"。徐宝璜先生指出,新闻是事实,"与小说有别","故凡凭空杜撰闭门捏造之消息,均非新闻"。"新闻不仅为事实,又须为最近事实,为阅者所欲知而尚未知之事实。""至过去已久之事,皆属旧闻",除非其"附属于最近之事"。新闻又须为"多数阅者所注意之最近事实"。陆定一在《我们对于新闻学的基本观点》一文中提出:"新闻是新近发生的事实的报道。"

强调新闻是对新闻事实的报道,一方面明确了新闻的公开传播性质;另一方面,由新闻的公开传播性质,决定了播音主持创作主体对报道内容的选择判断和价值取向,决定了播音主持创作主体必须寻找传播内容与受众的利益共同点。不论播音主持创作主体是否自觉,主观倾向性总是寓于对客观事实的叙述之中。但主观倾向性不等于主观片面性。新闻播音强调播音主持创作主体的主观态度,目的就在于客观、公正地报道新闻事实。

---

① 有关"备稿"的详细内容,可参看张颂:《播音创作基础》,中国传媒大学出版社2011年第3版,第33—53页。
② 徐宝璜:《新闻学》,时代文艺出版社2009年版,第2页。

第二节 播音主持艺术的特殊属性

了解播音主持艺术的基本属性，对于明确播音员、主持人的职业身份十分必要。为了更好地履行播音主持的岗位职责、完成创作任务，我们还应当了解播音主持艺术的特殊属性。

一、字正腔圆的蕴涵性

播音主持的语音发声要求吐字如珠、声音圆润、清晰持久，即所谓"字正腔圆"。声音集中、字音准确清晰，才能适应广播电视话筒镜头的工具性能要求，做到压缩放大不走样，才能向着成为有声语言表达典范的目标努力。

1. 字正腔圆体现了声音技巧的圆熟性

播音主持要求字正腔圆，绝不意味着千篇一律、刻板不变。从发声原理看，大脑的语言神经是受到目的、情感的支配后，才调节气息与口腔唇舌，带动喉头声带运动的。正是这些用气发声技巧的巧妙使用，加上平仄声调和起伏语势的作用，才避免了普通话发音的僵硬、呆板、生涩与粗糙。

从表达要求看，在有限的时间里，要保证内容的可听、好听和耐听，需要播音主持创作主体掌握语音发声技巧。播音主持创作主体只有做到"字正腔圆"，才能有效进入有声语言和副语言传播的创作层面。

2. 字正腔圆涵化着体裁形式的多样性

在大众传播中，语音往往靠一个个音节的连缀而形成一段段语流，产生一定的意义，从而起到传播、交流的作用。在语流中，不仅语音会因为发音部位和发音方法不断改变、相互影响而产生音变，而且，语意、情感都在发生变化。广播电视节目有不同的体裁，不同的体裁需要不同的表达方式。在表达实践中，"不要以为形式只是被动地作为内容的附属物，应该看到形式的巨大反作用"。[①] "先是以读者身份鉴赏，审视其共性中布局谋篇的个性；然后是以评论者的身份

[①] 张颂：《朗读美学》，北京广播学院出版社2002年版，第122页。

辨析,考察其叙写中遣词造句的特征。"①

  《大长今》的引进,让今年的电视剧市场掀起了韩剧的新高潮。《加油,金顺》《人鱼小姐》等一系列的电视剧让中国观众过足了韩剧瘾。"韩流"也正在更汹涌地涌向我们的生活。但是,别看韩剧这么火,说不定20年以后,中国的电视剧在韩国也会掀起"华流",那时首尔最流行的是吃烤鸭。②

  这段文字先叙后议,有回顾有展望,叙述部分适合采用播报、讲解、评论、诵读、谈话的表达形式,议论部分适合采用讲解、谈话的样式。第二句是对第一句的补充,第三句是对前两句的概括,第四句是对前三句的转折。除《大长今》、"韩剧瘾"、"韩流"几个重音,其他语节较密,"但是"之后,语节较疏,突出"中国"。"华流"是重音,与"韩流"相对,语气有力,"吃烤鸭"几个字更是调不高却有劲。就一个个字音的声、韵、调而言,以韵腹为核心的"枣核形"发声能使字音清晰集中、圆润饱满。

  不同的体裁有不同的特点,如消息的五个W和倒金字塔结构、通讯的情节和细节要素、评论的逻辑三段论结构、诗歌的平仄韵律、散文的形散神聚特征、小说起承转合的故事性、戏剧的矛盾冲突性,等等。"由于长期的经验、'前理解'的积淀、多种体裁的把握、不同样式的辨别、具体作品的综合审视,我们会产生某种理念,从理性上给以观照。"③播音主持创作主体要分析不同文本、不同节目的体裁特点,在把握不同体裁表达要求的前提下,对内容有所侧重和强调、有所削弱和淡化,既不违背创作意图,又能满足受众的视听需求。

  3. 字正腔圆包含着思想感情的渗透性

  洪堡特说过:"当思想只具备一个笼统的轮廓,以纯粹、赤裸的形象出现时,它所起的反作用跟它在获得更多的语言'色彩'时所起到的作用是不一样的。"④有声语言的"色彩"不是别的,正是播音主持创作主体理解、感受到的人类精神

---

① 张颂:《朗读美学》,北京广播学院出版社2002年版,第122页。
② 浙江广播电视集团2005年度优秀播音主持作品评选获奖作品:《城市心跳》。
③ 张颂:《朗读美学》,北京广播学院出版社2002年版,第184—185页。
④ 〔德〕威廉·冯·洪堡特:《论人类语言结构的差异及其对人类精神发展的影响》,姚小平译,商务印书馆1997年版,第99页。

和思想感情。如果把声音技巧、语体样态看作"形于外"的表层,那么,作品内容、思想感情便是"动于衷"的深层。

陈子昂当年经历仕途的挫折,怀着人生忧愤,独登幽州台思古抒怀。"前不见古人,后不见来者,念天地之悠悠,独怆然而涕下。"时空的浩瀚、刹那与永恒,反衬了人生的渺小、孤独与短暂,完全超越了诗人个体的情感体验,契合了人类那种受时空制约又想超越时空的生命体验。面对这样的千古绝唱,不同的朗诵者有不同的表达,从而产生了不同的艺术感染力。

"感受深刻、丰富的地方,语言就会强化,或高扬、或低缓、或加重、或停顿……以此来表示文字作品深层的意思、蕴涵的感情。"要在传播目的的引导下,使思想感情有层次、有重点、有铺垫、有高潮地贯穿于有声语言和副语言的创作中。

> 提到侵华日军细菌战中国受害诉讼案件,提到王选,想必大家不会陌生。用了十年的时间,王选和她带领的原告团奔波在中日两国之间,收集侵华日军细菌战的证据,起诉日本政府。①

一开始两个"提到"一重一轻,推出主要人物王选;以"十年""奔波""收集……证据"之抑的语气衬托"起诉"之扬,是对前一句提示的进一步回答。

> 2005年的夏天,我用了一个月的时间,在义乌等地穿梭,对王选和她的原告进行了大量近距离的采访,从中选择了七位代表人物录制了这期节目。他们中有的从20世纪50年代开始就注意收集历史证据,有的在退休后全身心投入诉讼工作,有的亲身经历了细菌战的悲惨,有的毫不计较个人得失给予法律援助,在他们身上体现了一种精神。

在说明了本期节目录制的不易后,通过介绍四个"有的",特别是对"20世纪50年代""全身心""亲身经历""毫不计较"这些词语的强调,体现了受害诉讼团成员一种共同的求真精神。这段播音如果缺少情、声、气的变化,就无法感染受众,也就失去了有声语言的创作意义。

---

① 《追寻历史真相的人们——侵华日军细菌战中国受害诉讼团人物志》,浙江电台城市之声,2005年9月3日。

二、播音主持艺术的核心属性——艺术性

狭义的播音主持,特指播音主持创作主体(播音员、主持人)在话筒、镜头前面对受众(听众、观众、网民)进行语言转化(文字语言转化为有声语言、内部语言转化为外部语言)的创作活动。播音主持的概念包含了三主体一平台(简称为语言传播"四要素"):播音主持创作主体、受众、稿件(包括腹稿)、播出平台(话筒、镜头及其周围呈现的传播小环境)。

在这四个要素里,起核心作用的是播音主持创作主体。播音主持创作主体根据自己对稿件的认识理解,根据受众的兴趣愿望和需求,通过话筒、镜头这个播出平台,实现信息共享、认知共识、愉悦共鸣的传播目的。

这里,我们可以借用德国哲学家海德格尔有关"在场"与"不在场"这一哲学概念来观照播音主持艺术创作。如果播音员、主持人本人是"在场",播音员、主持人的家庭环境影响、文化知识背景等就属于"不在场"。如果播音员、主持人通过有声语言和副语言所反映的内容是"在场",而构成这些内容的政治、经济、文化等社会各个领域、各个层面的因素就属于"不在场"。那些"不在场"的因素不断地积累和巩固着"在场"的基础,它促使播音员、主持人开阔视野、不断增长自己的学识、经验,以便能正确看待和把握主客观世界;同时,主客观世界不断发生变化,要想更好地呈现"在场"的内容,必须不断深入挖掘"不在场"的因素。播音员、主持人应基于"在场"又超越"在场",让受众能够体会有声语言的信息层面和意义层面。

张颂先生说过,大众传播中的有声语言"要有形态转化,由文字语言转化为有声语言,由内部语言转化为外部语言,才能构成创作过程"。[①] 这说明,播音主持是一种艺术创作,是一种文字语言和内部语言的转化活动。这种转化不仅仅是声音的转化,更是理性的提升,情绪、情感的转换。转化程度的深浅,既取决于为播音主持创作主体创造性劳动提供的环境条件,也取决于播音主持创作主体自身的素质能力。

---

① 金重建:《播音创作主体论》,中国广播电影出版社 2008 年版,绪论,第 1—2 页。

三、播音主持艺术理论研究的独特性

1. 适应社会需要，凸显播音主持理论的实践性

播音主持艺术理论紧密结合播音主持实践，在播音员、主持人播音主持实践的基础上，对播音主持理论进行总结、概括、提升。播音主持学科将有声语言和副语言的创作作为基础理论研究的核心内容。无论是播音主持实践还是理论研究，最终反映和适应的是不断变化发展着的社会需要和社会实践。社会需要和社会实践是播音主持实践的前提，是播音主持创作的源泉，也是播音主持理论形成和深化的坚实基础。

2. 有声语言和副语言创作，彰显播音主持理论研究的特殊性

播音主持学科主要研究有声语言，研究文本语言如何转化成有声语言。我们所研究的有声语言，不同于一般的日常口语，重点在于如何有效传播。有声语言传播的范围较广，播音主持学科在人际传播基础上，重点研究大众传播。大众传播媒介很多，如纸质媒介和电子媒介等，播音主持学科重点研究电子媒介中的广播、电视的播音主持。广播播音主持主要研究有声语言，电视播音主持除了有声语言，还要研究包括发型、化妆、服饰，特别是眼神、表情、动作等在内的副语言。如今新兴媒体不断涌现，但各类节目仍需通过播音员、主持人的有声语言和副语言创作来获得有效传播。因此，对有声语言和副语言创作的研究十分重要。

3. 多学科的支撑，体现播音主持理论研究背景的深厚性

播音员、主持人运用的创作手段只是有声语言和副语言，但有声语言和副语言所涉及的题材内容与范围之广，几乎可以覆盖社会的方方面面。因此可以说，播音主持学科与其他学科有着直接或间接的关系。其中，哲学、美学、心理学、文学、语言学及应用语言学、新闻传播学、艺术学等学科对播音主持理论研究来说，又是支撑学科。有了这些学科作为理论研究的基础，播音主持的学科特色更显得根基深厚，并不断焕发出新的生命力。

第三节 播音主持工作的地位

《中国广播电视学》认为"播音在广播电视节目中的地位,可以简括为'传播前沿'、'中介工序'、'联系纽带'。"①

"传播前沿"显示了播音主持工作的重要性 在广播、电视、网络的各类节目中,信息传递的终端是播音员、主持人。这一"传播前沿"的地位,显现了播音主持的独特性。有声语言和副语言的表达,不只是媒体"门面"的问题,而是决定了传播的效果。

实现语言转化("中介工序")体现了播音主持工作的岗位职能 播音主持首要的和最基本的就是将文本语言转化成有声语言和副语言。

播音员、主持人的根本职责是:传播党、政府和人民的声音,引导社会舆论。从文本语言系统到有声语言和副语言传播系统,是简单的转变,还是实质性的转化,是衡量播音主持质量高低的标尺。

有声语言和副语言传播系统与文本语言系统有质的不同:(1)它将播音主持创作主体推至台前,充分激发了播音主持创作主体的创造力;(2)它要求播音主持创作主体善于说自己想说、要说,或将别人说过、别人想说、别人要说的话,用自己的话来表达,借以完成传播的职责。

"联系纽带"表明了播音员、主持人与媒体的相互依存性 当今,各级各类媒体要努力做到"上情下达、下情上达",贯彻党的路线、方针、政策,传播各项法规、政令,反映各种民生民情,以起到桥梁纽带作用。播音员、主持人依附于一定的媒体,而媒体只有通过播音员、主持人才能实现其桥梁纽带作用。除了播音员、主持人外,还有记者、编辑、制片人、技术人员等,他们共同组成相对于受众而言的创作团队,一起完成新闻报道任务,发挥舆论引导功能。

媒介的性质决定了新闻性是播音主持的根本属性,艺术性是播音主持的核心属性。传播前沿的地位要求播音员、主持人必须正确对待、运用话语权,重视提高播音主持创作中的两个"转化"能力,切实完成有声语言和副语言传播的工作职责。

---

① 阎玉:《中国广播电视学》,中国广播电视出版社1990年版。

思考题：

1. 播音主持语音发声的生理物理性、心理性、艺术性三者之间的关系是什么？
2. 播音主持艺术的基本属性是什么？
3. 为什么说播音主持艺术的核心属性是艺术性？
4. "在场"与"不在场"的哲学概念对播音创作中强调的两个"转化"有何影响？
5. 为什么说"传播前沿"显示了播音主持工作的独特性？

第三章
播音主持创作的构成系统

内容提要： 本章简要分析构成播音主持创作系统的三个主体，即播音主持创作主体、文本主体、接受主体的基本特征，重点强调播音主持创作主体只有明确自身和其他主体的关系，重视三者的互动，才能拓展播音主持创作的深度和广度。

从播音主持创作主体对文本主体的解码和编码，再到接受主体的解码，是一个复杂的传播过程。传播实践证明，播音主持创作主体只有将文本主体和接受主体都纳入自己创作的视野，重视与它们的相互作用、相互影响，才能圆满地完成播音主持的各项工作任务。

第一节 播音主持创作主体

一、播音主持创作主体的身份定位与要求

1. 共性方面

(1)播音员、主持人是党的宣传员和新闻工作者，同时又有具体节目、栏目的身份定位，是两者的有机统一。例如新闻播音员作为党、政府和人民的"喉舌"，既要宣传党的路线、方针、政策，又要报道国内外发生的有关国计民生的最新事件；节目主持人一方面以个人形象出现，一方面又是节目、栏目、频道等的代表。

(2)播音员、主持人要遵守新闻真实性、时效性原则和新闻工作规律。

(3)播音员、主持人要遵循语言表达规律。

2. 个性方面

(1)不同的频道、栏目、节目的特点决定不同的播音主持个性

播音主持创作主体可以从创办宗旨、受众定位、选材范围、播出形态、表达风格、效果要求几个方面，分析不同频道、栏目、节目的特点。只有明确创办宗旨，才能把握节目、栏目、频道的定位，处理好全局和局部的关系。

例如，广播的文学欣赏类节目曾一度颇受欢迎，但随着时代的发展、视听工具的变革，这类节目逐渐衰落。播音主持创作主体应根据受众需要，有意识地改进节目形态和表达模式。

再如从不同的媒介分析，电视播音主持创作主体如果只注意有声语言，而不注意副语言，其传播效果就会大打折扣。同样播读一篇评论文章，电视播音员的表情、眼神如何对应有声语言的重音、语气，都会不同程度地影响传播效果。

对节目、栏目的特点有了一定认识后，播音员、主持人需要根据节目、栏目的要求，调整自己的播音主持风格。

作为公众人物，播音员、主持人常常被人评论，应坦然接受公众的批评，同时分析问题、解决问题。媒体主管层和节目策划人看问题角度不同、意见不一，如果播音员、主持人缺乏分析问题、解决矛盾的能力，易被不同意见牵着鼻子走。

(2)播音员、主持人表达与演员表演的不同性质决定两者的不同特点

播音员、主持人表达与演员表演的主要区别在于：

一是两者反映的真实不同。播音员、主持人表达的是新闻真实，追求新闻的可信度；演员表现的是艺术真实，追求艺术的可信度。前者反映的是现实生活中真实存在的人和事，不能虚构；后者是想象中存在的人和事，可以虚构。

二是两者反映的感情有别。播音员、主持人流露的情绪情感，是主客观事物产生作用的心理活动，符合节目需要。演员的情绪情感未必与本人的性格相符合，因此有了本色演员和性格演员的区分。性格演员要求演员适应所扮演人物角色的心理和行为特征需要，可以和生活中的本人完全不同。

(3)媒体性质决定传播个性不同于一般的生活个性

生活中流露的个性只要不违法，不违背社会公德，任意性大，约束性小。大

众传播中流露的个性,任意性小,约束性大。不仅有节目、栏目的约束,有法律、公德的约束,还有国家意志、媒体的约束,以及每个阶段政策的约束,等等。

就具体节目而言,播音主持创作主体应分析自己的知识结构和经验阅历,从而选择适合自己的节目。比如对法律法规不甚熟悉和了解,如果主持法制类节目,在和嘉宾对话时,就很容易卡壳;对事实政策一知半解,一旦涉及有关话题就不容易表达完整。

二、播音主持创作主体的创作活动

1."备稿六步"

(1)划分层次。将相同相近的自然段归并,在大自然段中分出小层次。

(2)提炼主题。将内容的共性和个性统一起来,抓住稿件特点,揭示事物本质。

(3)联系背景。分析好上情与下情,辨明主流和支流的关系。

(4)明确目的。确定播出内容所针对的现实问题。

(5)分清主次。注意区分内容的主次关系、铺垫和高潮的关系,突出重点。

(6)把握基调。把握好表达的基本精神,处理好主旋律与变奏曲的关系,做到整体统一中又有变化。①

2.树立受众意识

(1)受众是播音主持创作主体的传播对象和服务对象。

(2)受众的广泛性和非被动性将影响播音主持创作主体的创作。

(3)受众的心理需求有具体指向,又随节目形式、内容的变化而变化。

(4)受众对节目的反馈既有浅层、显性的,也有深层、隐性的。

3.运用有声语言表达规律

(1)思维反应律。

(2)词语感受律。

(3)对比推进律。

(4)情声和谐律。

---

① 付程:《实用播音教程(第2册)——语言表达》,中国传媒大学出版社2002年版,第2—4页。

(5)呼吸自如律。

(6)自我调检律。[①]

第二节 文本主体

一、文本主体的含义

文本是指创作依据即创作素材。文本主体是指形成播音主持创作依据或创作素材的精神实体。

文本既包括节目、稿件、画面、音乐、音响等外部语言文本,也包括话题、现场直播这两个新节目形态下产生的内部语言文本。

二、文本主体的构成

1. 节目

(1)有明确的节目宗旨和节目方针。

(2)有特定的节目名称。

(3)有一定的内容取向。

(4)有相应的表现风格。

(5)有一定的时间长度和播出时间。

2. 稿件

(1)有一定的体裁形式

如新闻类,包括消息、通讯、评论、专题报道、专访等;文艺类,包括小说、诗歌、散文、文学、戏剧专题等。

(2)有一定的层次结构

有完整的文字稿,有提纲,有单篇,有组合,有整点新闻,有综合板块,等等。

[①] 本书第五章第三节有详细论述。可参看张颂著:《播音创作基础》,中国传媒大学出版社 2011 年第 3 版,第 129—140 页。

(3) 有相应的表达方式和语言样态

要熟悉文本结构,理解精神实质,选择表达方式。内部语言(腹稿)也要按照语言传播的规律组织结构,传达其思想内容和精神实质。

3. 话题

(1) 有一定的话题题目(Topic)

例如关于全球变暖可能造成的影响,可以由"对动植物的影响""对农业的影响""对人类健康的影响"等几个题目构成一个接一个的话题,作为节目编排的线索,启发人们对问题的思考。

(2) 有围绕中心或主题(Subject)的线索

例如健康话题,什么是健康、怎样保持健康、什么有损健康等,不论从青少年人的角度,还是从中老年人的角度,从晨练的角度,还是从用脑卫生的角度,所有的谈话都离不开"健康"这条线索。

(3) 有创设话题的立意(conception)

话题立意有高雅、粗俗之分,有些话题结构不错,表达也感人,但立意不高,给人留下的思索空间就会显得比较窄。做一档节目如果考虑主题立意,又注意到角度的选择、细节展示的意图和重点的把握,那就可以避免出现为讲故事而讲故事的"流水账"现象。

4. 图像(画面)

广义的图像是指诉诸受众视觉器官的视频信号。狭义的图像是指电视摄像拍下来的一个个镜头画面。

应当特别重视电视图像的两个基本特征:一是运动的特征。既指被摄体的运动,如人物、动物等,也指摄像机的运动,如推、拉、摇、移、跟、升、降等。二是连续的特征。主要指图像与图像的组合,有连贯性、韵律感,能够产生图像语言,有表意性。

远景:可表示宽广博大之意(一般远离被摄体观察点来拍摄);

全景:可宣泄情绪、制造气氛(一般呈现成年人全身或场景的全貌);

中景:可突出人物动作、感情、关系(一般呈现成年人膝盖以上部分或场景的局部);

近景:可描绘人物心理活动和细节(一般呈现成年人胸部以上部分或物体的

局部);

特写:着重强调人体的某一部分(如眼睛、拳头、手、脚等)。

"画面组接"会有哪些表意作用呢?

(1)直接切换:可起"逗号"的作用;

(2)淡入淡出:可表"另起一段"的意思;

(3)放慢转换:可起"分号"的作用,如表抒情,表同时,等等;

(4)重合叠加:往往产生"回忆、幻想"的效果。

影像画面和书面文字不同。央视编导、资深策划冷冶夫认为,只有把画面当作第一语言,才能真正发挥电视的传播功能。作品和产品不同,作品更强调创作意图。如历史纪录片就应该被当成作品看待。

作品细节最能说明问题,也最能体现人物个性。如毛泽东一生有两个爱好:爱吃红烧肉,爱游泳。游起泳来不讲究规矩,游泳姿势一生未改变,喜爱自由自在。1966年,毛泽东游长江,之后"文化大革命"爆发。"文革"这个疤怎么揭? 解说语言没有一句提及,然而,画面中人们举的牌子是"文革"的象征,就说明了当时的时代背景。毛泽东接受帽子等礼物总爱试一试,他还喜爱拐杖。这些画面都给观众留下了深刻印象,原因就在镜头画面的表意性,即隐喻、象征功能在起作用。

电视摄像的创作意图通过镜头画面的表意功能得以实现。所谓中性、开放性,实际上是由作者思想视野的历史客观性所决定的。这是摄像编导基于现实,又和现实保持一定的距离,站在人类历史发展的特定高度对题材内容和镜头画面作出的取舍。

作为播音主持创作主体,当我们懂得电视图像的优点是具体、形象、丰富、生动;缺点是感性多、理性少,形象易、抽象难,拍实易、摄虚难之后,一旦需要结合画面进行有声语言和副语言创作时,就得注意扬长避短。

电视图像语言(或曰画面语言、镜头语言)之所以要纳入播音主持视野、引起我们的高度重视,是因为电视是让人看的,播音主持创作主体要考虑如何让接受主体更好地领会电视画面中所展示的一切。因此,必须注意摆正言语出声在节目中所处的位置,特别是配音解说。任何喧宾夺主的行为,都会引起接受主体的反感,影响视听效果。

5. 音乐

无论在广播电视节目还是在网络节目中,音乐元素总是不可或缺。将音乐归属于文本及文本主体,有利于有声语言和副语言创作的提高。

音乐是指由有组织的乐音所形成的艺术形象。音乐能表达思想情感,反映社会生活,有强烈的感染力和广泛的社会性。而节目音乐能借助音乐表述节目内容、深化主题思想、烘托环境气氛、抒发人物感情、推动情节发展。

音乐和有声语言、电视画面、电声音响的关系是:有序组合、互渗互补、融为一体。

在播音主持节目中接触较多、值得关注的广播电视音乐有以下几个特点:

(1) 标志性

如中央人民广播电台的开始曲、中央人民广播电台《新闻和报纸摘要》的片头曲、中央电视台《新闻联播》的片头曲,等等。

这些标志性音乐一般都较短,一旦固定、长期播放,往往能让受众一听到音乐就想起节目,引发受众对节目的视听欲望。对播音主持来说,节目的标志性音乐,还起着营造节目环境气氛的作用。

(2) 描述性

如笛子曲《苗岭的早晨》一响起,就能把受众带入苗家古老山寨的情境中。音乐从舒缓到热烈,让受众不难想象:白茫茫的晨雾散开了,毛茸茸的鸟儿叽叽喳喳亮开了歌喉,森林醒、炊烟升、牧童放牧,苗寨开始沸腾了……这样的音乐配合节目的描述,能增加节目的吸引力。

(3) 导向性

如中央电视台《艺术人生》节目,用《今夜无人入眠》的优美旋律,让嘉宾和现场观众从纷乱的思绪中慢慢静下来。音乐打开人们的心灵之门后,主持人的引导时机就出现了,很容易让嘉宾讲述自己的人生故事,也容易让受众进入情境之中。这就是音乐制造节目氛围的导向性。

(4) 间隔性

在节目中,音乐的间隔作用既表现在节目与节目之间的区分,也表现在节目内部不同栏目之间的区分上。如新华社网络节目《国际新闻》中所用的片头曲,就鲜明地显示了自己和其他节目的差异性,而节目内部又用间隔音乐来显示不同类别的内容。音乐的间隔功能有助于播音员、主持人针对不同节目与内容,在出镜、出声表达时,表现出不同的神情和语气。

姚喜双曾对节目音乐结构的三个特征及融合方式进行了描述:首先是服从节目要求、体现节目意图的目的性;其次是通过不同音乐的交替、重叠或混合,让音乐与画面结合,产生音画同构、音画平行或音画反构等不同效果的融合性;最后是由节目主题决定、受内容和形式制约而发生的变化性。[①]

播音主持需要利用好音乐,协调好素材,使语言和音乐达到有机统一,以增强整体感染力为创作目的,才能发挥好音乐的烘托作用。而实践中出现问题最多的是有声语言和音乐不和谐,呈现"两张皮"现象:或有声语言喧宾夺主,或音乐音量过大盖过有声语言,这两种情况都会使受众无法听清节目内容。

6. 音响

音响是指除音乐和播音主持创作主体语言之外的其他人物语言、自然界和社会生活中的音响,包括现场实况音响、后期配合制作音响等。

掌握画面、音乐、音响等这些看来似乎跟有声语言表达关系不大的文本及其主体所起的真正作用,对开阔播音主持创作主体的视野,恰如其分地处理内容和语言表达技巧的关系是十分必要的。毕业于同济大学建筑系,后成了上海歌剧院演员的歌唱家朱逢博,善于广采博收,她不仅会唱中外歌剧,会唱京剧、沪剧选段,还注意学习研究舞美设计、灯光等相关技能。当在舞台上独唱《北风吹》时,她考虑到自己不是人们想象中芭蕾舞剧《白毛女》主角喜儿的形象,就要求在歌曲前奏开始时熄灭全部灯光,只给自己一个追光,而"北"字一出口,则将舞台上和观众席上的灯光全部打亮,造成观众眼前一亮的感觉,获得了别样的美学效果。这对于在现代传播技术突飞猛进环境下成长起来的广播电视网络播音员、主持人来说,非常值得借鉴。有声语言和副语言的创作过程,除了围绕节目、稿件、话题主旨外,还有许多由画面、音乐、音响等文本元素共同构成的传播单元,它们需要相互补充才能达到最佳传播效果,我们怎能袖手旁观,仅让一种元素"特立独行"呢?!

7. 直播现场语境

直播现场语境是指直播现场(包括与异地连线的直播现场)提供的景物、人

[①] 姚喜双:《播音主持概论》,高等教育出版社2012年版,第36页。

物、周围环境气氛及其可能发生变化的情况。

播音主持创作主体在直播现场语境下可能接受的任务,有现场节目串联、现场环境描述、现场人物对话等。除了有稿播音外,还有大量需要脱稿乃至由播音主持创作主体即兴发挥的情况发生。

现场直播除了需要一定的技术支持和准备外,作为播音主持创作主体,在进入直播状态前还必须考虑以下因素：

(1) 有直播主题与环节构成预案的总框架；

(2) 有景物、人物背景介绍、细节和要点；

(3) 有现场突发(如天气、到场嘉宾和出席人数变化等)情况应变策略；

(4) 有一定的对话目的及应变设想。

对直播现场主持人来说,以上各点仅仅在概念上明确还远远不够。越早准备,越主动,这既是经验之谈,也是节目直播成功的保证。

有稿直播,如新中国成立后几次天安门阅兵和国庆群众游行实况直播,1997年香港回归72小时直播报道等。虽然有稿,播音员也要具备应对现场突发状况的能力。1984年国庆35周年,方明担任阅兵游行实况解说,从上午9点到中午12点20分,在三个多小时的时间里,方明解说一万两千五百字没有一个错漏。虽然有稿,难度也不小。比如,飞机梯队飞过来,要正好在天安门正中间,进行所谓"零秒米"播出,才能和现场场景、电视画面搭配好。可那天天空有雾,方明面前的电视里看不清飞机,他只能根据面前的小马蹄表来播,第一梯队、第二梯队过去了,该播第三梯队了,他背后的指挥、中央人民广播电台副台长急了,催促道"赶快播",而他不急。第三梯队过来了,他说"还没呢,还得等一会儿。""已经过来了,别晚了。""不会晚,我这儿看着表呢。"就在等待的那一分钟到来的时刻,他开始播"第三梯队过来了",正好分秒不差！这就是方明在现场呈现的机敏应变的能力。

无稿直播,如伊拉克战争直播。中央电视台的一位主持人在战争前沿正作战事报道,身后突然传来阵阵枪声,他脱口而出："在我身后又传来了阵阵枪声……"这又是一种现场机敏反应。新闻敏感使这位主持人意识到这个信息现场感十足,且观众想知道,也就自然表达出来,吸引着观众的眼球继续看下去。再如中央电视台一位女主持人,有一次随文艺演出团到达台湾,临时受邀搭档主持。对方主持"出言不逊",一上来就说："你好！×××,你可是大陆红人,怎么跑到台湾来抢我的饭碗呀?"真是猝不及防,咄咄逼人。这位主持人立刻幽默回击:"我怎么是来抢你的饭碗,我可是来帮你赚钱的。你想想,我们国家十几亿人口,回去播出,认识你的人多了,你不是可以赚钱了吗?你可还得谢谢我呢!"

三、文本主体的特征

文本主体的特征主要有以下几点:

首先是可感性。播音主持创作主体调动自己的感觉器官,透过文本和文本主体,总能听到、看到、感觉到些什么,他必须设法让接受主体通过自己的表达,也能听到、看到、感觉到。

其次是可变性。播音主持创作主体对文本有了自己的理解感受,在尊重文本主体创作意图的基础上,在将文本主体介绍给接受主体时,他也就会有自己新的认识和新的角度。特别是在播出背景发生变化之后,播音主持创作主体在与文本主体的心灵碰撞中还可能擦出新的火花。

最后是可控性。既然文本主体的可控性已经成为播音主持创作主体的一个创作要素,我们不妨把可控性也看成文本主体自身的一个特征。文本主体的创作往往有一定的时代局限性。播音主持创作主体的创作则往往立足于当代,这种创作是面对当下的接受主体,播音主持创作主体对传播内容和形式作出的选择,因此,用好话语权,让文本主体有的放矢,是播音主持创作主体的责任和义务。

对播音主持创作主体而言,文本主体的特征既是约束,也为有声语言创作提供了极大的空间。

第三节 接受主体

在广播电视网络的传播系统中,有声语言和副语言的创作活动,是指播音主持创作主体、文本主体和接受主体三大主体之间的交流、碰撞。播音主持创作主体对创作活动起主导作用,如何将文本主体转化成有声语言和副语言是播音主持创作主体创作活动的核心,而接受主体则是整个创作活动的目的与归宿。

一、接受主体的含义和特征

接受主体又称受众（包括听众和观众），是指广播电视网络节目内容的传播对象和播音主持创作主体创作活动的服务对象。

说接受主体是传播对象，因为播音主持创作主体运用有声语言和副语言对节目内容即文本主体进行转化活动的创作目标就是针对接受主体而来的，若失去接受主体，或传播内容与传播过程得不到接受主体的响应，就说明传播效果未达到既定目标，播音主持创作主体的创作活动质量就打了折扣。说接受主体是服务对象，因为现代媒体形态、种类虽然丰富，但由于接受主体的个性需求也呈现多向、多元化，选择性强，因此必须考虑如何适应和满足这些需求。播音主持创作主体要有真心诚意为接受主体服务的意识，对接受主体进行分析，了解他们，熟悉他们，才能进行有效传播。

一般来说，接受主体有以下几个特征：

1. 被动性

接受主体的被动性表现在其必须通过各类媒介及播音主持创作主体的创造性劳动，才能获得信息、服务和娱乐。

2. 非被动性

接受主体的非被动性主要表现为以下几个方面：

(1) 有自己的需要、兴趣和价值观念。

(2) 接受信息非来者不拒，而是有选择性地接触、理解和记忆。之所以说接受主体接收信息有选择性，是因为接受主体接受信息时有一定的选择标准。其中社会因素有：社会信息环境、文化规范、所处群体阶层等；个人因素有价值观、兴趣需求、接受信息时的个人情绪等。

(3) 决定了播音主持创作主体的创作判断力。

正是接受主体的这些非被动性因素，使得播音主持创作主体在创意筹划和表达传播内容与形式时，必须考虑接受主体的不同社会层次，不同内在要求和不同接受能力。可以肯定地说，接受主体的非被动性，最终决定了播音主持创作主体的创作判断力。

分析与文本主体有关的直播内容时，我们举了正面的、积极的例子，其实，负面的、消极的例子对媒体的影响更大。比如,香港回归时中央电视台的现场报道就留有遗憾。编导原先的设想是:彭定康哪怕再眷恋香港这块土地,他的汽车绕港督府转上一圈也该走了。于是主持人在现场叙述彭的车绕港府一圈走了后就可接着说:"然而,历史的车轮滚滚向前,香港回归祖国已经是任何人也无法阻挡的现实。"可那时彭定康的车好像有意为难主持人似的,偏偏不愿意马上离开,急得主持人不知道该说什么好。为了不让画面空转,主持人脱口又说了一句:"彭定康的汽车又在院子里绕了一圈。"车却还是没出去,她又重复了一遍"历史的车轮滚滚向前",这就与观众的心理期待相悖了。电视画面也是一种文本,接受主体对播音主持创作主体的有声语言表达之所以不买账,是因为播音主持创作主体的解说滞后于电视画面内容的变化。这次直播给媒体带来一条教训,日后也成了一条经验:一是要加强对突发性事件的准备,二是应注意主持人的日常积累和对受众心理的把握。

二、接受主体的一般分类

接受主体和播音主持创作主体一样,是传播活力的综合体现。我们可以从不同的角度对接受主体进行分类。

按接收方式:广播、电视、互联网受众。

按接受态度:积极、固定、随意的受众。

按受众结构:基本、参照、特约、潜在的受众。

按国别分:中国(包括港、澳、台)与外国受众。

还可从文化程度、政治态度、职业、性别、年龄等角度对受众作出区分。

从播音主持实践来看,除了以上基本分类方法外,还可从量和质两方面作出分析,加强传播的针对性。

所谓"量":指的是数量、年龄、层次等。

所谓"质":指的是本质,即接受主体的心理需求。

三、接受主体的心理需求及接受规律

接受主体的心理需求有以下几点需要注意:

一是有具体指向,是由某节目带来的心理需求满足。

二是随节目传播方式、内容的变化而变化。

三是有一个心理过程：认识—情感—意志，正所谓知、情、意。

接受主体的接受规律，一般可从宏观和微观两个方面进行分析。

宏观方面，如接受主体从过去时代所呈现的遵从性、保守性到当今时代所呈现的自主性、思辨性。

微观方面，如人们的普遍心理：喜新厌旧、喜真厌假、喜短厌长、喜奇厌平、喜实厌空、喜近厌远、喜正厌偏、喜导厌训、喜优厌劣，等等。

四、接受主体的反馈规律

广播电视重视受众反馈，就是指播音主持创作主体要重视接受主体对节目内容播出的反应。反馈的前提是心理活动，包括心理反应和心理过程。比如表态性的反应，如"简单的应答，简短的应答"；评价性的反应，如能作出"深入的评价"和"深刻的分析"。[①] 这就说明接受主体必然有一个心理过程。因此，反馈也就呈现出多种形态，主要有：(1)浅层的、显性的；(2)深层的、隐性的。

浅层反馈往往只是表示好与不好，即使参与现场、介入节目，也缺少理性分析。能看到和听到的，如打电话、写信和面谈等，都属于显性反馈。

深层反馈则要探寻优劣原因，甚至参与到节目采编和制作中来。有看法、想法和评价，却不和播音主持创作主体联系，只在某种场合或私下议论的，都属于隐性反馈。

因此，分析受众反馈，要重视数量，更重视质量，透过显性的，看到隐性的。不要把反馈多、评价高或是反馈少、评价低与有声语言创造力的高低画等号。因为一个节目的成功与失败，是由多种因素促成的。宏观上，我们应当树立"一荣俱荣，一损俱损"的集体主义价值观；微观上，我们应当克服"贪天之功为己功""稍有差池与己无关"的错误思想，切实承担起传播创作的责任来，落实备稿与表达的每一个环节，以质取胜。

本章小结

概括起来说，本章介绍的播音主持创作主体，特指在广播电视中，以有声语

[①] 张颂：《播音语言通论》，北京广播学院出版社1994年版，第167页。

言和副语言为主干或主线"出头露面"驾驭节目进程的人。无论是新闻播音员还是节目主持人,都是党的宣传员和新闻工作者,都有具体节目、栏目的身份定位,是两者的有机统一。因此,播音员和主持人要遵守新闻的真实性、时效性原则和新闻工作规律,遵循语言表达规律,这是他们的共性。而个性的表达,首先在于不同的节目、栏目的个性,它们决定了不同的播音主持个性。播音员、主持人必须注意对接、融合节目、栏目特点,形成具体可感的播音主持个性。另外,媒体性质也决定了传播个性不同于一般的生活个性。

传播个性与生活个性的区别在于:生活中的个性只要不违法,不违背社会公德,任意性大,约束性小;而传播中的个性则相反,任意性小,约束性大。不仅有节目、栏目约束,有法律、公德约束,还有国家、媒介意志的约束,以及每个阶段的政策约束,等等。现代媒体进入互联网时代以后,大众传播个性还受到种族、民族、国家、宗教等世界各国社会规范的牵制与约束。

播音主持和人物扮演反映了两种不同的真实:新闻真实与艺术真实。一为真实存在,无法虚构;一为想象存在,可以虚构。两者效果相仿,实质相异。

播音主持创作主体进入创作圈的基本特征则有:坚持"备稿六步",树立受众意识,明确对象感,将有声语言表达规律贯穿在创作活动全过程。

在文本主体这一概念的介绍中,特别提到了精神实体的问题,也就是隐藏于文字下、文本后的创作主体的创作背景、创作动机、创作意图和创作思想。播音主持创作主体和文本打交道,必须和文本主体的这些精神元素相碰撞,才能产生心灵火花,产生有声语言和副语言的创作愿望。画面、音乐、音响等作为文本主体内容,对于电视配音、文艺节目解说的最大作用就在于能提示播音主持创作主体掌握有声语言表达的语气分寸,力避喧宾夺主。而话题作为文本主体的重要内容,揭示了内部语言外化为有声语言的过程。通过话题展开的有声语言,可谓无外在文本结构的"结构",或曰无文本的"文本"。在这个意义上,不论有无文稿的外在形态,我们都可以将其当成和接受主体交流的文本主体。这也就意味着哪怕是自己写稿,出口前,也要扪心自问:该如何说?选词用语合不合适?

分析接受主体,重要的是懂得受众反馈有显性和隐性之分。播音主持创作主体不能仅凭显性的收视率这一个方面来决定自己的传播策略,而应加深对接受主体非被动性的认识,明确有声语言和副语言内容、形式表达的针对性,强化播音主持创作主体的感染力。

思考题：

1. 当下广播电视的播音主持创作主体是指什么？
2. 你是怎么认识和把握传播个性的？
3. 广播电视节目主持人个性和演员的角色个性有什么区别？
4. 为什么要将内部语言也归于文本主体？
5. 现场语境对内部语言外化有何作用？
6. 请说出广播电视接受主体的具体含义。
7. 为什么接受主体既有被动性，又有非被动性？
8. 如何辨别接受主体的反馈质量？
9. 简述接受主体浅层反馈和深层反馈的不同表现。

第四章
有声语言的传播工具性能

内容提要：本章从播音主持艺术创作手段的工具性出发，通过介绍国外媒体传播用语和我国媒体主要传播用语——普通话，说明媒体语言规范的传播意义。对普通话音节结构和发音特点的介绍，有助于提高普通话发音表达的听辨和分析能力。对人体发音器官三大功能，特别是播音主持用气发声要领的介绍，意在提高有声语言创作的声音基础能力，保持嗓音的圆润度和持久力。

在播音主持艺术的创作系统中，播音主持创作主体既要认识、理解文本主体，又要揣摩、服务于接受主体。而在三大主体中，播音主持创作主体实际起着核心导向作用。这种核心导向作用，直接体现于播音主持创作主体的创作手段：有声语言和副语言。有声语言是相对于文字语言或书面语言而言的，特点是有声、由人体发出、有一定目的、通过对象感的设想而产生、有一定交流欲望的语言。有声语言不仅有文字语言（书面语言）的转化，也有内部语言（腹稿）的转化，即在传播现场表现为没有文稿的即兴表达。媒体传播的有声语言和日常口语的最大区别是：去掉了随意性，强化了目的性，突出了传播性。因此，有声语言来源于日常口语，不脱离日常口语，又有对日常口语提升与提炼的成分。

第一节 媒体有声语言创作研究的主要对象——传播用语

广播电视网络的信息传播语言，除了屏幕文字语言、画面语言、播音主持创作主体的副语言,主要还有播音主持创作主体的有声语言。而世界各国媒体根据各自国家和民族的特点,对传播用语都有所要求。因此,讲播音主持的有声语言,也就不能不先了解国内外媒体对传播用语的规定,不能不先认识和理解普通话作为我国媒体主要传播用语的现实意义。

一、国外媒体传播用语简述

前苏联要求播音员"在话筒前播音,必须具有高度的政治文化素养,口音准确,声音好",要"用莫斯科话播送中央台的各种节目"。1991年,由俄罗斯总统签发《俄罗斯苏维埃联邦社会主义共和国民族语言法》,确定俄语为国语,呼吁纯洁俄语。

东非的坦桑尼亚,将斯瓦希里语作为国语,虽然也通行阿拉伯语和英语,媒体却均要求用斯瓦希里语。

东亚的日本,强调以东京话为基础的标准话播音,有一整套日语规范化和日语传播政策。

西欧的法国,把推广法语作为国策。1975年专门颁布《法兰西共和国法语使用法》,维护法语的地位和纯洁性。

在美国,海德写有《广播电视播音概论》,强调标准语言和声音训练;卡尔·豪斯曼等人写有《美国播音技艺教程(第五版)》,除了对广播电视播音技能、嗓音保护、职业发展有所描述外,对口音去除、风格展现也有专门论述。

《圣经》中写道:"耶和华说,'看哪,他们同是一个民族,有一样的语言,他们一开始就做这事,以后他们所要做的一切,就没有可以拦阻他们的了。来,我们下去,在那里混乱他们的语言,使他们听不懂对方的话'。于是,耶和华把他们从那里分散到全地上,他们就停止建造那塔。因此,那塔的名字就叫巴别——'变乱'的意思,因为耶和华在那里混乱了全地所有人的语言,又从那里把他们分散在全地上。"

将以上国外媒体传播用语的情况和《圣经》这段叙述进行对比,我们可以体会到,媒体语言的规范对一个国家、一个民族的政治、经济、文化、社会的交流与发展,将产生不可替代的影响。

二、国家通用语——普通话

我国以法律形式规定,普通话是国家通用语,也是媒体传播用语。普通话的历史渊源和现实基础相当深厚。

普通话是以北京语音为标准音,以北方话为基础方言,以典范的现代白话文著作为语法规范的现代汉民族的共同语。换句话说,它就是现代汉语的标准语。

随着时代、社会的进步,政治、经济、文化的发展,人们的社会交际与交流日益密切,学好、用好普通话成了时代前进的必然需求。媒体作为引领社会的先导,播音员、主持人的普通话示范作用不容忽视。

三、媒体人运用好普通话对有声语言传播的现实意义

学好、用好普通话的重要性,在我国尽管被人们的社会实践活动一再证明,但人们的认识并非都很一致。国内外在标准语与方言的关系处理及标准语的使用问题上就出现过各种意见,因此有必要澄清一些思想认识。

加拿大传播学家马歇尔·麦克卢汉在《理解媒介——论人的延伸》一书中指出:"在英国,电视来临之后最非同寻常的发展动态之一,是地区方言的复兴。一种土腔或喉音就相当于一种时兴的女式马靴。这类土话在书面文化的影响下曾经不断被侵蚀。可它们突然在英国一些地区冒了出来,过去在这些地区只能听到标准英语,这一变化是现代最意味深长的文化现象之一。即使在牛津和剑桥的教室里,也可以听见方言了。上述两校的本科生不再追求言语的同一。电视来临之后,方言被认为能提供深刻的社会纽带。"[①]

麦克卢汉在文中对方言土语所持的态度,一方面让我们懂得,电视优于广播和印刷媒体,它呈现的语言和非语言符号共同组成的社会文化现象,使得人们在语言使用上有更大的宽容度。然而另一方面,却也给我们带来新的思考:标准语在传播的同时能够让人们听到方言土语,这是不是对标准语的否定?如果不是,那么如何正确认识标准语和方言土语的关系?这对大众传播,对有声

---

① 〔加〕马歇尔·麦克卢汉:《理解媒介——论人的延伸》,何道宽译,商务印书馆2000年版,第382页。

语言和副语言的表达都有深远的意义。

1. 方言的草根性决定其传播的地域性

由于媒体间的竞争和受西方后现代思潮及多元文化的影响，我国一些媒体曾掀起了一股"方言热"。可是在某种程度上，它冲击了播音主持创作主体学好、用好普通话的社会氛围，影响到播音主持创作主体坚定树立民族语言典范意识的信念和创作行为，我们不能不深表关切。提倡多元文化，并不意味着贬低主流文化，充分认识国家通用语在我国使用和推广的未来趋势，对每一个媒体从业者，尤其是话筒镜头前的播音主持创作主体来说，是非常必要的。

任何一个播音主持创作主体，都是生存空间的一员，受到生存土壤的滋养，从诞生到成长，从语言到习俗，从观念到行为，耳濡目染，根深蒂固。但是，作为生存空间的一员，当他从这一生存空间挪到另一生存空间，言语不通、举目无亲时，就会产生异乡人的感觉，一方面怀恋故乡，另一方面也将促使自己加速学习当地语言或通用语。

列宁 1913 年写的《欧仁·鲍狄埃——为纪念他逝世 25 周年而作》一文中写道："一个有觉悟的工人，不管他来到哪个国家，不管命运把他抛到哪里，不管他怎样感到自己是异邦人，言语不通、举目无亲、远离祖国——他都可以凭《国际歌》熟悉的曲调，给自己找到同志和朋友。"同时列宁写道："这首歌已经译成欧洲各种文字，而且不仅是欧洲文字。"正是通过这些文字，"虽然公社被镇压了……但是鲍狄埃的《国际歌》却把他的思想传遍了全世界"。列宁的这段话，肯定了《国际歌》曲调中传递的思想精神，同时也说明了远离祖国、举目无亲，特别是言语不通带来的不便。

我们都熟悉贺知章的《回乡偶书》："少小离家老大回，乡音无改鬓毛衰。"乡音土语反映了人类语言的草根性，有其自身的魅力。身处台湾的宋楚瑜，60年后回大陆入乡随俗，就用乡音赢得了当地乡亲们的好感。

然而，乡音土语同时反映了语言生长的局限性，在经济社会发展、人们交际沟通越发频繁的情况下，乡音土语显然适应不了形势的变化。

我们听杭州方言"跟灶茂涩躁，快点儿围气皆搁搁好……总算还没呆，来来来，割毛曳道顾来看耶看……上子泥，人家唆，勾儿泥，仓了驳四茂好。跟灶泥，来四四介格打拳头看。"对杭州本地人来说，可能像听到隔壁邻舍大伯大婶说话那样熟悉亲切；可对外地人来说，听上去简直就是一头雾水。这段话实际表达的意思是:"今天挺厉害,快点回家搁好脚……总算还没完,来来来,现在一起过来看一看……上次呢,别人说,歌曲呢,唱得不是很好。今天呢,来试试怎么个打拳。"

有人说,话听不懂有字幕就行,权当有个弥补,这对一般人也情有可原,但对播音主持创作主体来说,毕竟削弱了有声语言传播的辐射力,削弱了播音主持创作主体所应蕴含的语言导向力和感染力,也削弱了受众对有声语言表达的感受力。

2. 普通话的规范性带来传播的广泛性

播音主持不能脱离有声语言,研究播音也就不能不思考传播用语的问题。从个体的生存空间来到社会的规范空间,我们面临的已经不是一家、一村、一乡、一族自给自足的需求。而研究播音的发生、发展过程及其创作规律,在学习借鉴别的学科理论的同时,着眼彰显播音主持的独特性,无疑将有益于播音主持理论的丰富和发展。有声语言是广播电视传播的主要中介,每一个播音主持创作主体只有注意把握有声语言的工具性特点和文化性本质,力求每吐一个字词,每说一句话语,首先让人听懂,然后让人感动,最后让人行动。

我国《宪法》规定:"国家推广全国通用的普通话。"《国家通用语言文字法》规定:"广播电台、电视台以普通话为基本的播音用语。"国家推广的全国通用的普通话,是汉民族的标准语,不仅有抑扬顿挫、和谐有致的音韵之美,还善于吸收方言精华,包容性、开放性强。作为广播电视传播用语,普通话满足的是广大接受主体的需求。

当今以播音员、主持人为代表的语言传播创作主体,作为传媒的工具,肩负着推广国家通用语言的历史使命。说好普通话、用好普通话,是播音员、主持人的义务和本分,责无旁贷。

因此,学习、探讨播音主持艺术的创作手段——有声语言,讲究吐字归音和用气发声,加强对普通话的认识与运用,就成了绕不过去的坎儿,这些是播音主持创作最根本的基础。进了播音主持这一学科的门,就得老老实实、踏踏实实地学习如何发好普通话的每一个音,学习如何在话筒、镜头前做到播讲状态收放自如。

第二节 普通话音节结构和发音特点

一、普通话音节结构及其特点

所谓音节，就是指用听觉可以区分清楚的语音基本单位。音节由音素构成。

音素，是字音的最小单位。汉语普通话有音素32个。一般一个字母表示一个音素，只有zh、ch、sh、ng、er等5个音是两个字母表示一个音素。一般来说，一个音节有1~4个音素。如"啊，天安门"这四个字，就分别有1、4、2、3个音素。

音节一般由声母、韵母和声调组成。声母由辅音音素充任，韵母由元音音素充任。声调分为阴、阳、上、去四声，用调值区分。

普通话音节结构的特点可以归纳为：

(1)元音在音节中占优势，如a、ai、ang、ye、hua、gang等；

(2)辅音只出现在音节两头，如na(前)、yan(后)、nian(前后都有)，无复辅音；

(3)一个音节一般最多有4个音素，如lian、huai、liang等，最少有一个音素，如a；

(4)三合元音只在开音节(非鼻韵尾音节)中出现，如iao、iou、uai、uei。

学习普通话音节结构可以明确：所谓字音是指根据每个字的读音发出的声音，包括声母、韵母和声调。当然，普通话表达并非只是读字。

我们学习吐字归音，从音节发音开始训练，同时要学会逐步扩大训练范围。比如普通话多数音节发音时，口腔由闭到开再到闭，两头小中间大，响亮的主要元音居中，即所谓的"枣核型"结构，这是吐字发音圆润如珠的客观基础。初学者中，有的习惯发音靠前，如浙江宁波人发"沿海"的"沿"字；也有的喜好发音靠后，如浙江温州人发"杭州湾"的"湾"字，影响了字的发音准确度。这就需要练习者自觉调节舌位，以便改善原有的发音状况。但这跟传播实践中根据角色需要，有意识地变化发音位置，以求达到某种演播效果，还不能相提并论。

二、普通话元音发音部位及其特点

1.元音

元音是声带颤动,气流在口腔的通路上不受阻碍而发出的声音。舌位即发元音时舌面隆起的点在口腔中所处的位置。舌面隆起的最高点,即最接近上腭的一点,称近腭点。近腭点高,舌位高;近腭点低,舌位低。舌位的高低与口腔的开度大小成反比:舌位高,口腔开度小;舌位低,口腔开度大。元音的发音特点:一是口腔开合大小与舌位高低有关;二是唇形有圆有展;三是声带振动;四是发音时气流不受阻碍。

元音中有单韵母10个,其中舌面元音有7个:a、o、e、ê、i、u、ü,它们的发音部位和发音方法分别是:

a:央低不圆唇

o:后半高圆唇

e:后半高不圆唇

ê:前半低不圆唇

i:前高不圆唇

u:后高圆唇

ü:前高圆唇

舌尖元音有2个,发音部位和发音方法是:

-i(前):前高不圆唇

-i(后):后高不圆唇

卷舌元音有1个,发音部位和发音方法是:

er:央卷舌不圆唇

2.元音发音的具体要求

窄元音i、ü、u和舌尖元音-i(前)发音时,开口度小一些,离近腭点略远一些,这样可以使声音通畅,避免声波挤入鼻腔而产生鼻化。

宽元音a发音时,开口大,舌尖微离下齿背,舌位降低,舌面居中,软腭和小舌上升,关闭鼻腔通路,声带振动。

-i(后)发音时,舌高点略向后移,这样可以使前声腔扩大,声音更明朗。

后元音 e、o 发音时,开口度中等,舌位后半高,舌头后缩,舌面向软腭隆起,软腭和小舌上升,关闭鼻腔通路,声带振动。

前元音 ê 发音时,口略开,舌尖抵住下齿背,舌面向前硬腭隆起,舌位前半低,关闭鼻腔通路,声带振动。

卷舌元音 er 发音时,舌尖向上,对着硬腭翘起,注意舌位是居中的,不能顶住硬腭。

复元音韵母有 13 个:ai、ei、ao、ou、ia、ie、ua、uo、üe、iao、iou、uai、uei。发音时,要增强舌的滑动感与唇的展撮感,适当加大舌的动程,以取得变化丰富的泛音共鸣。其中,二合(前响和后响)复韵母 ai、ei、ao、ou、ia、ie、ua、uo、üe,除轻音节外,不要发成近于单元音。三合(中响)复韵母 iao、iou、uai、uei,舌高点滑动呈弧形,不要发得过于平直,iou 和 uei 在前拼声母时,不要丢掉韵腹。

鼻韵母有 16 个:an、en、ian、in、uan、uen、üan、ün、ang、eng、iang、ing、uang、ueng、ong、iong。发音时,注意由口音向鼻音过渡,一到鼻音就结束。不要以前面整个元音的鼻化来代替韵尾的鼻辅音趋向;鼻尾音也不要拖长。前鼻音 n 和后鼻音 ng 不要发成不前不后的舌面鼻音。舌的动程要鲜明适当:in、ün 动程最短,发 i、ü 时口腔要开大一些,动程略微延长,ün 不要发成 üin;ian、üan 当中的 a 要开到 ê 的程度,不要发得过窄而使整个韵母听上去近于 in、ün,也不能开得太大,若开到[a]的程度听起来就不舒服了。

实际上,复合音的形成主要靠舌位动程。舌位动程就是舌位移动的过程。动程的大小、快慢的变化,跟口腔的开度大小、宽窄成正比,直接决定字音发得是否饱满、灵活。如复合鼻尾音(舌尖鼻音)in 的发音,口腔开度基本闭合,处在无变化状态下,先发 i,扁唇,然后舌面升高,声带振动,舌前部接近硬腭时,软腭下降,鼻腔通路打开,发音动程小,送出的声音就比较响亮。相比之下,en、an 尽管口腔开度都是由开到闭,但是由于起点元音的舌位造成口腔开度不同,发音动程也就一个比一个大。复合鼻尾音(舌根鼻音)ing 的发音,和 eng、ong、ang 的发音有一个共同点,都是先发好元音,再与鼻辅音 ng 结合。ing 的发音,舌面接近硬腭发 i,然后舌头后缩,让舌根与软腭接近,关闭口腔,气流从鼻腔透出;eng 的发音,先发好 e,但舌位比单发 e 低,同时,舌根后缩与软腭接触,软腭下垂,气流从鼻腔流出;ong 的发音,元音 o 处于 u 和 o 之间,但比 u 的开度稍大,舌位稍低;ang 的发音,元音 a 的口腔开度大于单发 a,这是因为受到后鼻韵尾 ng 的影响。另外，iong、iang、ueng、uang 发音时，一定要注意韵头对唇形变化的影响，韵头和韵腹韵尾要连成一体，切忌发成两段音。

所谓前音（窄音）靠后（宽发），后音（宽音）靠前（窄发），指的就是韵母发音如前后元音、前后鼻音的前后位置要微调，发音时舌位要适中，口腔共鸣才能得以最佳发挥。

三、普通话的"四呼"

普通话韵母有开、齐、撮、合"四呼"一说，它是根据韵母第一个元音的口形特点作出的分类。

开口呼指除 i、ü、u 起头的其他韵母，如 a、o、e、ao、er、ang、eng 等。以"掰、白、百、拜"几个字为例，开始发音时口裂（指上下唇之间横着的部分）较宽，唇较放松。

齐口呼指韵母 i 或以 i 起头的韵母。以"家、夹、甲、假"几个字为例，开始发音时唇形扁平，上唇与上齿下缘几乎平行。

撮口呼指韵母 ü 或以 ü 起头的韵母。以"圈、全、犬、劝"几个字为例，开始发音时唇形较圆，前声腔小，有撮唇感。

合口呼指韵母 u 或以 u 起头的韵母。以"窗、床、闯、创"几个字为例，开始发音时唇呈圆形，前声腔大，口唇有合拢之感。

因为"四呼"发音跟唇形圆展相关，所以字音不正的缘由之一可能就是"四呼"发音不到位。如将 a 发成圆唇，发 i 却不展唇，发 ü 嘴噘得太靠前，发 u 不敢使劲儿等，都可能影响字音的响亮、圆润与清晰。因此，播音主持时，发"四呼"要做到：开口呼口裂不要过大；齐齿呼口裂不要过扁，相对要圆一些；撮口呼撮两唇角即可；合口呼唇不用向前突出。所谓"口角轻圆"，指的是吐字中整个口形动作滑行自然；唇紧贴齿外活动，幅度不大；音色清晰明朗，口形美观。①

四、普通话辅音发音分类

1. 按发音部位分类

辅音的发音部位指的是发音时阻止气流的着力点；发音方法指的是气流透

---

① 徐恒：《播音发声学》，北京广播学院出版社1985年版，第118页。

出受阻部位的途径。

辅音根据发音时气流在口腔内受阻部位的不同,可分为双唇阻 b、p、m;唇齿阻 f;舌尖中阻 d、t、n、l;舌根阻 g、k、h、ng;舌面阻 j、q、x;舌尖后阻 zh、ch、sh、r;舌尖前阻 z、c、s 等七类。

双唇阻(上唇与下唇)发音:力量集中在上唇中部,注意不要裹唇。

唇齿阻(上齿与下唇)发音:上齿与下齿后部轻轻接近,中有隙缝,注意下唇别向里裹。

舌尖中阻(舌尖与上门齿龈)发音:舌尖中部用力顶上齿龈,注意不要全舌平均用力。

舌根阻(舌根与硬软腭交界处)发音:舌面后部与软腭成阻,其中 ng 一般只作韵尾,不除阻。注意成阻部位不宜太偏后,因为偏后会使整个音节发闷,尤其 h 容易发成小舌颤音,很不好听。因此部位可略向前移至软硬腭交界区。还要注意除发 ng 声带颤动外,发 g、k、h,声带都不颤动。

舌面阻(舌面与硬腭前部)发音:下巴略后退,舌尖抵下齿背下部,舌面前部与硬腭前部成阻。着力点在前舌面纵中部,注意不可太宽,舌不要用力。

舌尖后阻(舌尖与前硬腭)发音:舌尖翘起与硬腭前端成阻,注意舌不要后缩,口腔两边不要用力,也不能因过松而使气流从舌两侧通过,舌尖别向后卷,也不要因为舌尖平伸而发成如英语的 ch、sh 那样的舌叶音。

舌尖前阻(舌尖与上门齿背)发音:舌尖轻轻抵下齿背,舌叶上挺与上齿龈成阻,成阻面着力在舌中间。注意舌不要向前使劲,反而有后缩感。

2. 按发音方法分类

除了了解辅音的发音部位特点外,还要掌握它的发音方法。从总体上说,辅音发音方法的特点,一是除了 m、n、l、r、ng 五个浊音声带要颤动外,其余辅音声带不颤动,声音不响亮;二是气流在口腔内均有不同的阻碍,发音时口腔肌肉局部紧张、用力;三是除了 m、n 等个别音外,辅音不能自成音节。像 b、p、m 等,一般充当声母,和韵母共同构成音节。换句话说,辅音只有配上韵母,才能在音节中发挥相应作用。汉语普通话辅音有 21 个,加上 ng 就有 22 个。ng 只充当鼻韵母音素,其余 21 个都能充当声母。

这 22 个辅音还可从以下角度做出分类:

(1)根据发音时气流的通过渠道,可分为口音和鼻音,鼻音只有 m、n、ng,其余为口音。鼻音 m、n、ng 发音时,声带振动,是可以延长的响音,作韵尾时不除阻。注意无论是 m、n 作声母还是 n、ng 作韵尾,发音都不要过长。韵尾 n、ng 在语流中,舌与腭有鲜明的接触趋向就可以,不一定要完全阻塞口腔通路。

(2)根据发音时声带颤动与否分为清音(声带不颤动的声母有 17 个:b、p、f、d、t、g、k、h、j、q、x、zh、ch、sh、z、c、s)和浊音(声带颤动,只有鼻音 m、n、ng,边音 l,擦音 r 等 5 个,其中浊音声母为 m、n、l、r 等 4 个)。

(3)根据发音时是否送气,分为送气音和不送气音,不送气音有 b、d、g、z、zh、j,送气音有 p、t、k、c、ch、q。但播音主持因为话筒灵敏度高,发送气音时注意不要送气过多,要求有收气的感觉,才能避免气流冲话筒的声音出现。

以上我们将边音归入浊音,边音只有 1 个:l。鼻音与边音在发音方法上的区别在于:鼻音成阻时,发音部位两点紧闭,关闭口腔气流的通路;边音则是舌尖抬起与上门齿齿龈后部接触,舌两边留有空隙。鼻音持阻时,声带颤动,软腭下垂,鼻腔通路打开,气流经口腔转入鼻腔并从鼻孔透出,口鼻共鸣,形成鼻音;边音持阻时,声带也颤动,但呼出的气流由舌前部两边通过后由口透出,发出边音。鼻音除阻时,打开口腔通路,发音结束;边音除阻时,发音部位两点分开,舌两边向纵中部收缩,不要延长,发音结束。鼻音 m、n、ng 区别在于发音部位,m 为双唇阻,n 为舌尖中阻,ng 为舌根阻。

3.按整体发音关系分类

从气流通过口腔时与发音部位的不同关系,辅音还可以分为塞音、擦音和塞擦音。

(1)气流先阻塞后放开,叫塞音。如双唇阻 b、p,舌尖阻(与上牙床)d、t,舌根阻(抵住软腭)g、k。

(2)气流从两部位间摩擦成声或擦出,叫擦音。如唇齿阻(气流从上门齿与下唇接触的缝间挤出,摩擦成声)f,舌尖前阻(气流从上下齿隙间透出)s,舌尖后阻(气流从舌尖和硬腭的窄缝间透出)sh,舌面阻(气流从舌面和硬腭之间擦出)x,舌根阻(气流从舌根与软腭的中间擦出)h。以上五个是清擦音,发音时气流持续时间比塞音要长。还有一个浊擦音(声带闭拢,气流冲击声带成声)r。

(3)气流先阻塞后擦出,叫塞擦音。如舌尖前阻(气流从舌尖与上门齿背的窄缝间透出)z,舌尖后阻(气流从舌尖和硬腭前端的窄缝间透出)zh,舌面阻(气流从舌面与硬腭前端的窄缝间透出)j,舌尖前阻(气流从舌尖和上门齿背的窄缝间透出,它和 z 的区别在送气)c,舌尖后阻(气流从舌尖和硬腭前端的窄缝间透出,它和 zh 区别在送气)ch,舌面阻(气流从舌面与硬腭前端的窄缝间透出,它和 j 的区别在送气)q。

塞音、擦音与塞擦音在发音方法上的区别在于:

塞音 b、p、d、t、g、k 成阻时,发音部位两点紧闭,着力点在唇、舌中纵部,要有一定力度。持阻时,呼出气流蓄在成阻部位之后引而待发,除阻则轻松弹开。

擦音 f、h、x、s、sh、r 成阻时,发音部位两点只是接近而不接触,中间有缝隙,气流速度加快。持阻时,呼出气流从两点缝隙间挤过,摩擦成声,无除阻阶段。因此发擦音时声音可延长,但注意不可用力挤,不可发得过长,尤其 s、sh 两音若发得过长,就会有刺耳的哨音。

塞擦音 j、q、zh、ch、z、c 是塞音与擦音两种发音方法的结合。从成阻到持阻前段与塞音相同,但持阻后段马上变为擦音的成阻,发音部位两点接近,留有缝隙,呼出气流从中挤过,摩擦发出擦音。注意除阻时不可用力,否则容易有阻塞感。

基于上述分析,找准辅音发音部位后,发音时要注意不同受阻部位的变化对发音的影响,应将注意力放在声母、韵母拼合发音的有机组合上。

为什么会有尖音现象?所谓尖音,是指将舌面音 j、q、x 读成舌尖前音 z、c、s,这是一个误区。为什么会将播、坡、摸、佛读成 be、pe、me、fe,这可能是受山东或东北方言的影响,不知道普通话 b、p、f 都不与元音 e 相拼。另外,g、k、h 不与 i 相拼,因而机器不能读成 giki,鸡蛋不能读成 gidan。

在普通话语音的学习训练过程中,针对每个人、每个阶段的吐字发音状况,有必要侧重对声、韵、调的某一方面进行训练,然后再逐步完善声、韵、调结合的整体发音状况。

普通话语音的发音特点,实际上是元音和辅音既矛盾运动又和谐相处的结果。元音发音时口腔用力,口腔肌肉全部紧张,气流通畅无阻;辅音发音时局部用力,口腔肌肉局部紧张,气流局部受阻。如果两者有一方或一处不和谐,听起来就非常别扭。因此可以说,正确处理好元音和辅音的关系,是说好普通话、发好每个音的基础。

第三节 语言和语音、语音和字音的区分

传播实践中,人们容易将语言和语音、字音混为一谈,如明明是某人语音有些缺陷,却被说成语言不好。另一种情况是某人语音纯正,而在语言运用上,如遣词用语有些问题,却在语音项上被扣了分。所以这里有必要在理论上对这几个概念予以分析。

什么是语言？语言是人类最重要的交际工具和信息载体。

什么是语音？语言学一般将语音定义为：人类发音器官发出来的、具有一定意义、能起社会交际作用的声音。播音学则从文字语言转化成有声语言的角度来定义：语音是由一串串字音连缀而成、包含各类词组和成语构成的,用来表情达意的声音。

语音的物理属性主要表现在以下四个方面。

音高：指声音的高低。播音自如声区以能达到一个半八度以上为好,尤其是偏低的部分运用较多,要练扎实。

音强：指声音的强弱,音量的大小。播音主持发声强度不高,幅度不大,层次宜多。

音长：指声音的长短（普通话音节长度是指声、韵母时长的总和,不只是由声带振动的时间决定的）。播音音节的长度在句子重音及重点句子上,时间比口语要长一些。如用加长音时的办法突出重点,可使语言更为生动。声音时长的延续能给人留下较深的印象,灵活处理音节长短疏密的变化,可避免语言呆板。

音质（音色）：指声音的个性、品质与色彩。播音主持重视虚实结合和变换声音色彩,既不追求高亮的"金属声",也不推崇一味用气音。

人们通过语音体会语言所含的语义,就进入了语音的实质层面。有声语言创作通过语音将语义表达出来。而有无一定的艺术性,将影响传播效果的好坏,最终会在人与人之间交流的心理层面反映出来。

由此可知,语言和语音是种属关系。语言为属,语音为种。同样,词汇、修辞和语音一样,都是语言的组成部分,都为种。语言通过语音得以表达,才产生

有声语言。

那么,如何处理好语音和字音的关系呢?

通过语音的定义我们可知:语音包含字音,却不等同于字音。语音为属,字音为种。字音作为一个个单字音节的读音,包含每个字的声、韵、调。汉语普通话测试单音节字词的部分,就属于对字音的测试。

单纯的一个个字音,音发得再完美,对语言表达来说,也只起到句子中一个元素的作用。字音只有纳入语言环境和语句结构,成为语音的一部分,有了一定的语义,为一定的语言环境和语言目的服务时,才能真正发挥自己的作用。因此,字音必须服从语音。每个音节的音调或曰字调要服从语气、节奏的需要。所谓"不能以过度的音节抑扬冲淡语气、节奏的抑扬"指的就是这个意思。

比如,"现场直播杭州湾大桥通车时刻",末尾"通车时刻"四个字,如果只注重音调,不强调"通车"这个重音,就可能让"通车"和"时刻"一样平均用力,甚至"时刻"的音调可能盖过"通车"的音调,而使句意没有表达出来。

又如,"凡违反相关法规的广告,应一律取缔",在评论播音中,"一律取缔"作为句尾,语势下降显得果断干脆,若将"缔"字音节延长、音调抬升,便失去了评论意味,飘而无力。

在有声语言创作中,就字音和语义的关系而言,字音必须服从语义。而语义表达的准确又离不开每一个字音的清晰。因此,音由气托,气随情动,有声语言表达应做到情变、气变、声变、音变。

第四节　发声训练

播音员、主持人不同于声乐工作者,对一个曲目可以反复练习,也不像演员演话剧那样,有较长的时间排练。相比之下,播音员、主持人的备稿时间短,用嗓时间或长或短,没有一定的规律。同时,所有的理解感受,必须形之于声,"得心应口",收放自如,才能让表达获得如期的传播效果。因此,正确发音、正确用声是播音主持创作的基础。

在谈语音时,我们曾指出语音是人体发音器官发出来的声音。实际上,人体发音器官是一个整体,吐字只是这个整体中唇、齿、舌、软腭等部分的功能。

咬字清晰与否,共鸣色彩如何,均取决于这部分器官在清字调音方面所起的作用如何。其中最灵活的是舌,可上下、左右、前后伸缩,也可平铺或卷翘。而双唇可圆可展,可改变声腔的长度和形状,影响字音和语音音色。软腭可升可降,能阻塞或者打开鼻腔的通道,口音、鼻音的分别缘由于此:软腭下降,声带颤动,气流从鼻腔出,就产生鼻音 m、n、ng,而 ng 的尾韵儿化后,前面的元音就变成鼻化元音;软腭上升,堵塞鼻腔通道,气流从口腔出,就是口音,a、o、e、b、p、f 等都是口音。鼻腔本来是固定的共鸣腔,但软腭的升降,能使气流走向发生或通或阻的变化。连接口、鼻腔的咽腔,正是由于舌头的动作、咽壁的收缩、喉头的升降,发生了形状的变化,也才有了不同的字音,有了语音音色的变化。

语音学还涉及一个重要概念——气流。气流是指发音时空气的流动。语音发声要求发声主体对气流有所控制,以便正确地吐字。这是人体发音器官的一大功能,也称咬字功能。

发声训练之前,还得认识人体发音器官的另外两大功能:动力功能和声源功能。

动力功能主要是指肺、横膈、胸廓和气管所起的作用。它们为发音提供空气动力,这是语音发声的原动力。说话要有气流支撑,而气流主要通过肺部呼吸产生。肺是有弹性的海绵体,它和横膈、胸腔内的其他各种肌肉共同作用,既调节气流,又促使声带振动。

声源功能主要指喉和声带所起的作用。喉头由甲状软骨、环状软骨、杓状软骨等组成,连接其他肌肉组织。发声时,喉头像一个阀门,在肺和声腔之间节制气流的活动。声带是一对唇形的韧带褶,边缘薄,有弹性。声带之间的空隙就是声门,由杓状软骨控制开合。

发声训练的用气要领,用气注意点,喉口控制要点如下。

(1)用气要领:深(吸气尽量深,慢吸,如闻花;快吸,如抬箱)、匀(呼气有控制,不要大撒气)、通(气息畅通,出声要有支撑)、活(因情用气,收放自如)。

这四者的关系为:深、匀、通是基础,活是提高。

(2)用气注意点:

①小腹要微收。即小腹(脐下三指)微紧,有向下拉的感觉。

②要有流动感。拉而不流,声就僵滞。

③有"一气呵成"感。

④气随情动。

用气口诀是:两肩下垂两肋开,不觉吸气气自来。

(3)喉口控制要点:

①喉部放松,声道畅通,虚实变化灵活,富有弹性。

②舌齿灵活,清晰有力。

③吐字归音:字头(声母和韵头)要叼住弹出,字腹要拉开立起,才显得饱满,字尾应弱收,但趋势要鲜明。如发"奥 ao"字归音到接近 u 的位置;发"条 tiao"字声母 t 虽是送气音却不能出气太多,韵头 i 不能丢;发"影 ying"字,ng 的归音只要有一定的趋向即可;"点""沿"的发音 dian、yan,注意中间的韵腹 a,口腔不宜开得过大,否则会影响整个音节的自如过渡。

④声音共鸣:要求做到"一根弹性声音柱,音挂腭前透口外"。

⑤声音弹性:指声音随播音主持创作主体思想感情的变化而产生的抑扬顿挫、高低起伏的伸缩性、可变性、层次性。它显示了创作主体对情感变化的适应能力,体现在气息深浅、呼吸快慢,以及声音高低、强弱、虚实、明暗、刚柔和厚薄等方面。

这里以虚与实、明与暗、刚与柔为例。

虚与实:虚声是由于气流通过不完全闭合的声带发出的或半实半虚,或声带完全不颤动的声音,如半夜用耳语说悄悄话那样。虚声适合表现内涵丰富而情感含蓄的内容。实声则是气流冲破闭合的声带发出的声音,经过共鸣腔体的共鸣,听上去圆润饱满、明亮优美,特别适合新闻播报和叙事说理。虚、实声的运用,对其他声音色彩的变化都有一定的影响。

如刘半农的诗《教我如何不想她》:

  天上飘着些微云,地上吹着些微风。啊,微风吹乱了我的头发,教我如何不想她?

  月光恋爱着海洋,海洋恋爱着月光。啊!这般蜜也似的银夜,教我如何不想她?

  水面落花慢慢流,水底鱼儿慢慢游。啊!燕子你说些什么话?教我如何不想她?

  枯树在冷风里摇。野火在暮色中烧。啊!西天还有些儿残霞,教我如何不想她?

这首诗中的四个"啊"字，如果用实声，会显得十分刻板，缺乏情感变化，若化入情境，虚、实声相结合，则会让人感觉到诗人真挚的深情。

明与暗：声音的明暗变化跟内容所表达的情绪、情感直接相关。如表达开心的情感，声音一般都比较明朗，音调偏高；而表达压抑、低落的情感，声音一般都比较低沉，音调偏低。

如毛泽东1934年写的《清平乐·会昌》：

> 东方欲晓，莫道君行早。踏遍青山人未老，风景这边独好。
>
> 会昌城外高峰，颠连直接东溟。战士指看南粤，更加郁郁葱葱。

清平乐借用汉乐府《清乐》《平乐》的乐调名称为词调名，取海内清平之意。此调有多种格式。这首词上阕每句都押仄声韵，下阕一、二、四句押平声韵。词的背景是：1934年7月，敌军重兵开始向井冈山根据地中心地区进攻，形势十分严峻，第五次反"围剿"败局已定。我军"准备长征，心情又是郁闷的"（作者自语）。然而，夏日的会昌山满目葱茏，生机勃勃，极目远眺，宏伟壮丽的江山引人遐想。眼见红军战士守卫在各个山头，又想起和战士们的交谈情况，毛泽东顿生感慨，写下这首词。因此，这首词总体朗诵基调应当是：对中国革命前途充满信心和希望。朗诵这首词时，声音色彩要明朗。上阕句尾语势下降，显得胸有成竹，下阕句尾语势上扬，情景交融，寄情于景。乐观胜过悲观，希望胜过沮丧。语势起伏与声音的明暗对比相协调，方可让传受双方回味无穷。

刚与柔：偏刚的声音，一般用于表现气势豪迈、大义凛然、充满信心的内容；偏柔的声音，一般用于表现委婉动人、感情细腻、舒展亲切的内容。

如朱自清散文《春》中的一段："'吹面不寒杨柳风'，不错的，像母亲的手抚摸着你。风里带来些新翻的泥土的气息，混着青草味儿，还有各种花的香，都在微微湿润的空气里酝酿。"这段话将春风的温柔具体化，朗诵时应温柔细腻。而茅盾在《白杨礼赞》中赞扬白杨树："那就是白杨树，西北极普通的一种树，然而实在不是平凡的一种树！那是力争上游的一种树，笔直的干，笔直的枝……参天耸立，不折不挠，对抗着西北风。"这段话朗诵时就应刚劲有力。

本章小结

由于播音主持传播信息密集、时效性强，对播音主持用气发声的高标准、严

要求,也成了它区别于一般语言表达艺术的用声特色。总体来说,播音主持的用声特色有以下几点:

(1)清晰度高。语音准确,合乎规范,有较高的分辨率。

(2)圆润度好。吐字如珠,悦耳动听。

(3)自如性强。声音朴实大方,语流自然畅达。

(4)适应性广。驾驭声音的能力强,能适应各种语体、各种场合,有一定的声音控制弹性。

结合有声语言创作,我们介绍了普通话的音节结构和发音特点,讲了播音主持的发声要求。要明确指出的是,这些都是播音主持有声语言创作的基础。如作家手中的笔,战士手中的枪,有笔不一定能写文章,有枪不一定能打中目标,但无笔成不了作家,无枪成不了战士。尽管随着时代变迁,科技进步,笔和枪可以有新的替代品,如计算机键盘和鼠标等,但它们的实质没有改变。只要我们一张口,吐字发声的基本功便在接受主体面前展露无遗。有人说,"要想成为比较突出的人,拼的不是技巧、语言、形象,拼到最后是人格"[①],然而没有语言和行动,人格何以展现?播音的社会属性,心理的、艺术的,再怎么复杂与高深,都必须通过播音主持创作主体的自然属性,看起来十分简单的身体器官功能才能得到呈现,才能使听众、观众得以接受并与之交流互动。这就是播音主持艺术创作手段的辩证法所在。

思考题:

1. 为什么要规范传播用语?
2. 应该怎样正确认识普通话和方言的关系?
3. 什么是"四呼"?"口角轻圆"意味着什么?
4. 举例说明字音不正的缘由。
5. 举例说明"前音(窄音)靠后(宽发),后音(宽音)靠前(窄发)"的作用。
6. 谈谈语言和语音、语音和字音之间的关系。
7. 谈谈你对播音主持用气要求和发声要领的理解。
8. 举例说明什么叫声音弹性。

---

① 白岩松语,引自陆锡初:《节目主持人概论》(修订本),中国广播电视出版社2006年版,第95页。

# 第五章
有声语言表达技巧与表达规律

内容提要：本章第一、二节着重介绍有声语言表达的内外部技巧。内部技巧需运用情景再现、内在语等调动情感的方法,透过字面或现场语境,将内心产生的形象、逻辑等具体感受融于整体感受,加上对象感的设想,以一定的基调反映出来。外部技巧则借助停连、重音、语气、节奏等手段,将有声语言处理得能让受众感受到内容的真实含义。如此传播才容易达到比较理想的效果。第三节介绍有声语言表达规律。播音主持创作主体的创作能否遵循表达规律,对传播内容与形式能否作出分析、对照与回顾、展望,将最终决定创作的成效。

从有声语言和副语言传播的角度看,如果说对语音、发声的熟悉、掌握是播音主持艺术创作的基础,它锤炼的是播音主持创作主体有声语言表达的工具、武器,那么对节目创意策划、采编制作流程的介入、理解则是播音主持艺术创作的前提,它锻炼的是播音主持创作主体把握时代脉搏和受众心理,确定如何将某种题材内容与语体形式结合起来以满足受众需要的能力。通过对播音主持艺术创作表达系统的学习,把对节目的策划、采编,最终转化为受众能听得到、看得见的有声语言、副语言形态,使传受双方得到心灵上的沟通与交流。

第一节 有声语言表达的内部技巧

有声语言表达的内部技巧,特指播音主持创作主体以情带声的心理活动和内部语言的组织意识。其过程可分解为二:一是内心感受,二是情感调动。

一、内心感受

内心感受是指播音主持创作主体透过文本或语境,觉察所反映的主客观事物间的关系,主动从心理上接受文本或语境的刺激,激发自身的感受和体会,产生一定的态度和情感,为自如表达做好准备的心理过程。

内心感受的特征是:从有意识到无意识、潜意识。

感受可分为形象感受、逻辑感受(又称具体感受)和整体感受。

1. 形象感受

形象感受是指视觉、听觉、味觉、嗅觉、空间知觉、时间知觉等能通过词语序列引发的对主客观事物感知的心理过程。如:

> 眼前这位苗族汉子矮小、苍老,40 岁的人看过去有 50 开外,与人说话时,憨厚的眼神会变得游离而紧张,一副无助的样子,只是当他与那匹驮着邮包的枣红马交流时,才透出一种会心的安宁。

作者对这位苗族汉子貌不惊人甚至有些局促的外形描写,让我们从视觉感知开始,从全景到特写,深入他的内心。"矮小""苍老"的描述,用一句"40岁的人看过去有 50 开外"补充,"游离而紧张"的眼神,用"一副无助的样子"形容,期间两个逗号停留的短促处理,显示了有声语言运用标点符号的独特性。一个转折词语"只是",将前面的铺垫推至高潮,突出他与枣红马深厚的感情:多年来是枣红马陪伴他完成一系列乡邮任务,攀悬崖、过险关,因此,枣红马实际上是中介、代表,完全拟人化了,他把对人民的感情都托付给了枣红马。这里的"交流""会心"两词表达时要放慢速度,显现出这位汉子内心的安宁,意味深长。

下面重点感受一下李白的《将进酒》一词:

> 君不见黄河之水天上来,奔流到海不复回;君不见高堂明镜悲白发,朝如青丝暮成雪。

黄河从天而落,青丝变成白发,都是作者情感和想象力的作用使然。前后两个"君不见",让 7 字句成了 10 字句,显示了作者的不拘一格。而关键在其后的不同气势和情境对比,让不可思议的、平时不可能看见的事物变得有可视性,有空间感,有时间感,形象具体,感人心魄。

人生得意须尽欢,莫使金樽空对月。天生我材必有用,千金散尽还复来。

得意人生,应当尽情地畅饮,别让酒杯白白地对着月色。抽象的人生得意、欢乐通过具象的饮酒器具得以表现,相信自己的才华终会有发光之时。通过散尽千金这一看得见的物质财富仍会通过另一种形式回来,表明了自己的某种信念。前后两句无论是措辞用意还是平仄安排,都可见作者的良苦用心。

这首诗语出惊人,比喻夸张,如数量词的运用:

烹羊宰牛且为乐,会须一饮三百杯。岑夫子,丹丘生,将进酒,杯莫停。与君歌一曲,请君为我倾耳听。钟鼓馔玉不足贵,但愿长醉不复醒。古来圣贤皆寂寞,唯有饮者留其名。陈王昔时宴平乐,斗酒十千恣欢谑。

作者设想的这个情境,以今论古,以古推今,对象感十足,节奏感极强,逻辑链条脉络清晰,情感变化跌宕起伏。讲完历史回归现实:

主人何为言少钱,径须沽取对君酌。五花马,千金裘,呼儿将出换美酒,与尔同销万古愁。

播音主持创作主体只有抓住时代背景及作者当时的情境与心境,又懂得平仄规律,借助平仄,展示节奏,才不至于因追求表面气势而失去受众对作者内心情感的关切。狂歌纵酒的表层下蕴藏着诗人藐视权贵、乐观自信的豪迈气概,才能通过有声语言淋漓尽致地表达出来。

2. 逻辑感受

逻辑感受是指先后顺序、主次对比、并列递进、转折总括等能产生语言关系及表达脉络感知的心理过程。如:

没有什么可以轻易把人打动,除了正义的号角。当你面对蒙冤无助的弱者,当你面对专横跋扈的恶人,当你面对足以影响人们一生的社会不公,你就明白,正义需要多少代价,正义需要多少勇气。

整个句子是说正义行为能把人打动,却要付出代价。第一句用"没有……除了"句型,先扬后抑,"除了……"是补充说明第一个条件。第二句开头连用三个并列句,先微观后宏观,层层深入,又形成这个句子假设关系的前半部分,这个句子的后半部分"需要……需要",呈递进关系。这是语言表达受语言系统制约的明显例证。再如毛泽东的《沁园春·雪》:

> 北国风光,千里冰封,万里雪飘。望长城内外,惟余莽莽,大河上下,顿失滔滔。山舞银蛇,原驰蜡象,欲与天公试比高。须晴日,看红装素裹,分外妖娆。
>
> 江山如此多娇,引无数英雄竞折腰。惜秦皇汉武,略输文采,唐宗宋祖,稍逊风骚。一代天骄,成吉思汗,只识弯弓射大雕。俱往矣,数风流人物,还看今朝。

作者在词的上阕描绘长城内外,万里山河被冰雪覆盖,是写景。一个"望"字,辽阔的空间大地尽收眼底。一个"须"字,点出了景之比较,景之特色。下阕则由景入事,纵论千古,想象未来,是写史。一个"惜"字,将悠久的时间长河囊括笔下。一个"俱"字,归纳了史之结论。情感、气魄通过叙述评说,将史实逻辑寓于字里行间。这说明,有声语言的表达,除熟悉背景知识、运用情景再现的技巧外,还必须懂得将形象感受和逻辑感受一并落实,才能有效地将词的意蕴充分发掘出来,让受众想象和体悟。

3. 整体感受

整体感受是指将各种感受整合到传播意图上来,合理安排表达具体感受的心理机制。

既有形象感受,又有逻辑感受,那么,谁为主,谁为次,依据什么来定夺呢?这就是整体感受的功能所在。我们强调目的为魂。如马致远的《天净沙·秋思》:

> 枯藤、老树、昏鸦,
> 小桥、流水、人家,
> 古道西风瘦马,
> 夕阳西下,
> 断肠人在天涯。

这里的每一个词组都是一个形象,每一个句子都能构成一幅画面,形成一种意境,都含动、静两种状态,都有平仄与押韵。断肠人在太阳落山时出现,使这首小令的整体意境和感受别样生动。有声语言的表达,如果不能将这些词组、意象组合成物我一体,就不会有那么集中、深刻、感人的意境。

传播学者威尔伯·施拉姆说过:"把一个人的语言保持在听众能够适应的抽象程度上的能力,以及在抽象范围内改变抽象程度的能力,以便在具体的基础上讨论比较抽象的内容,使读者或听众能够不感到困难地,从简单熟悉的形象转到抽象的主题或概括上来,并在必要时能够再回到原来的形象上去",是"有效传播的一个秘密"。[①]

内心感受中,形象感受、逻辑感受是具体感受,整体感受将形象感受、逻辑感受融为一体,它为情感的调动与凝聚起了先行铺垫的作用。

二、情感调动

情感调动特指播音主持创作主体通过对文本和语境的感觉、感受,形成凝聚内心情绪与组织内部语言的心理状态。作为播音创作的核心,情感调动包括三个要素:

1. 情景再现

情景再现是指播音主持创作主体理清头绪,设身处地、触景生情、现身说法的心理过程和语言呈现。说俗了就是:过电影。并且是边过电影边出情绪和态度。如下面这段体育解说:

> 天高云淡的潘帕斯草原、热情奔放的探戈,这就是遥远的阿根廷带给我们的最直接的印象。这里的文化孕育出了个性鲜明、狂野奔放的阿根廷球员,从肯佩斯、卡尼吉亚到雷东多、巴蒂斯图塔,球迷们从他们身上看到了一种野性的美,他们身上仿佛都有一种风的飘逸、风的轻灵、风的狂野。长发是他们的标志。看阿根廷球员踢球就像在潘帕斯草原上驰骋,长发随风而动,潇洒随意又透着一种狂放不羁。这

[①] 〔美〕威尔伯·施拉姆、威廉·波特:《传播学概论》,陈亮、周立方、李启译,新华出版社1984年版,第98~99页。

正是阿根廷的足球风格。

"草原""探戈""长发",都是让人浮想联翩的形象,特定的解说词规定了具体的画面场景,这就要求播音主持创作主体的情景再现具体可感。"天高云淡""热情奔放""潇洒随意""狂放不羁"这些词语的限定,"风的飘逸、风的轻灵、风的狂野"的排比手法,都给情景再现与形象感受注入了新鲜活力。有声语言的表达必须从词语的感觉入手,想象它的存在、体验它的真实,最后生动地把它表现出来。

2. 内在语

内在语是指播音主持创作主体揭示语句本质的心理活动及其所产生的内部语言。通过语言意义和语句间相互关系的分析、确定,播音主持创作主体产生一定的态度情感和语气分寸,流露于语言表达过程之中。

内在语包括发语性内在语、寓意性内在语、关联性内在语、提示性内在语、回味性内在语、反语性内在语等类型。播音主持创作主体通过对语句关系的分析,如句子间递进、并列、因果、转折等逻辑链条,发现语言现象与主客观存在本质间的矛盾构成,挖掘出语句的本质即语句的内在含义和感情态度,从而推动自身思想感情的运动、转换和发展。这是播音主持创作主体根据文本内容联系播出背景、明确传播目的、确定播音基调的重要一环。如:

> 从前,有一个皇帝特别喜欢弹琴,弹琴成了他的唯一的嗜好。可是他弹不成调,听的人简直无法忍受。他在皇宫找不到一个知音,十分苦恼。
>
> 有一天,皇帝突然想出了一个主意。他叫太监找来一个等待处死的犯人,对他说:"只要你说我的琴弹得好,我就免你一死。"
>
> 皇帝开始弹琴,犯人站在一旁听着。一曲未尽,犯人便跪在地下请求:"圣君,求您别再弹了,奴才宁愿早死!"[①]

这里的发语性内在语是:"各位观众,现在我给您讲个故事。"寓意性内在语是:"这个皇帝喜欢弹琴却不会弹琴,不学无术、一厢情愿还硬要面子。"

关联性内在语则主要体现在表明因果、转折、连动、并列、假设等语句逻辑

[①] 付程主编:《实用播音教程(第2册)——语言表达》,中国传媒大学出版社2002年第2版,第80页。

关系或语法意义的词语衔接所应呈现的语气上。如这一段中,皇帝弹不好琴,让人无法接受是转折关系;他为找不到知音而苦恼是因果关系,等等。若不能在语气、语势上有所呈现,有声语言的表现力便无从谈起。

3. 对象感

对象感是指播音主持创作主体围绕传播目的说话时目中无人、心中有人,目中有人、心中仍有人的感觉与感受。这个"人"不只是现场嘉宾和观众,更重要的还有收音机、电视机、电脑、手机那头的听众、观众和网民。

这是播音主持创作主体为达到一定的传播效果,不断调整内容结构和形式结构的重要依据。如中央电视台以往举办的青年歌手比赛,有参赛歌手演唱、文化知识考核、评委打分、专家点评等四个环节。就电视直播而论,仅满足现场观众还不够,还必须考虑这四个环节的时间比例对广播听众、电视观众等的可接受程度。播音主持也是如此。

在播音主持创作主体情感调动"三要素"中,情景再现是使文本主体"活"起来的前提,客观物质世界和主观心理世界通过情景再现得以呈现;对象感是引发播音主持创作主体情感、情绪的中介,接受主体的外在形象和内心需求通过对象感变得具体;内在语是传播内容与形式的核心,接受主体的收视需求和文本主体的内涵实质通过播音主持创作主体的内在语得以表现出来。

内心感受和情感调动作为表达内部技巧的两个有机组成部分,两者的关系可以表述为:一方面,内心感受是基础,没有内心感受,情感调动就成了空洞虚假之物;另一方面,光注意内心感受,不注重情感调动,内心感受就成了"孤芳自赏"之物,达不到与人交流的目的。我们要求内心感受必须引向情感。

第二节 有声语言表达的外部技巧

有声语言表达的外部技巧,特指播音主持创作主体运用有声语言时采取的既符合语法逻辑,又满足情感抒发和生理、心理顿歇需要的表达手段。它是播音学根据人们日常听觉要求,从播音主持创作主体表达特点和一般人接受习惯出发,打破书面标点符号对口头转化造成的束缚,借鉴戏剧、电影台词表达技巧和广播电视传播特点总结出来的有声语言自己的标点符号。它不只对文字语言的转化有提示作用,也对内部语言的转化有指导作用。它既可以在书面记上标识性符号,也可以由播音主持创作主体在心里自行作出调节。

一、停连

停连是指语言表达中的停顿与连接。

当断不断,该连不连,是有声语言表达呆板、缺乏生气的重要原因。

如电视预告片配音词:"他们曾经历经坎坷,几番浮沉,但是他们绝不会放弃自己的誓言。"若按文字标点停顿,表达出来的感觉平淡而沉闷。反其道而行之,在"他们曾经"后稍挫一下,将"历经坎坷几番浮沉"连起来说,并将语气一转,"但是他们"后再挫一下,突出"绝不会放弃",放慢速度,再平缓地说出"自己的誓言","誓言"两个字延长音时,有力结束。这不仅不会让人感觉拖沓,反而会让人感觉慢中有快,声断意连,不仅使人听明白语义,更能感受到创作主体入境生情的动人力量,很好地体现了"他们"内在的那种意志情感的支撑力量。

又如:

> 杞柳过去一直被沂蒙山区的人用来编制柳篮、柳筐等简单的家庭用品,但如今在临沭县官陆新村却用杞柳编出了上百种形态不同的柳编制品,畅销一百多个国家和地区。

这么长的句子,若按文字标点符号停连,机械而无变化。若在"杞柳"后稍作停顿,便能将杞柳鲜明地展示给听众。在"沂蒙山区的人"后快挫一下,能强调这个兼语的作用,也可避免因字多造成播得喘不过气来的状况。将"柳篮、柳筐"连起来说,词语具有的类的概念也能得到明晰的表达。"但如今"后和"上百种"前稍作停顿,同样能起到突出时间词和数量词的作用。"畅销"紧接"柳编制品",突出"一百多个",将听众的思路引导到产品销量之好的报道中去,让听众从成果的报道中体会到革命老区发生的深刻变化。

二、重音

重音是指语言表达时着重强调的词语。如:

小说和影视节目都说故事。这些故事都有结构安排。叙事这一概念对理解这种结构至关重要。故事是按时间先后、以一定的逻辑顺序排列起来、受因果关系推动的一系列人物、事件和背景。因此,讲述故事中叙事的意义就是使故事不带随意性,用菲斯克(1987年)的话来说,就是使故事"合乎情理"。从这个意义上来讲,电视似乎是一种叙事媒体。①

以上这段文字中带点的字,就是从逻辑角度确定的重音,有声语言按这些重音表达和强调,把"不带随意性"与"合乎情理"作为叙事要求,表达的目的性就很鲜明。又如:

昔日支前的小推车今天已经进入了博物馆,而装运物资的柳筐却变成了抢手货。如今在沂蒙山区生产柳编的企业达110多家。从2002年起,临沂建立起了现代物流产业,3万辆专业物流配送车每天穿梭于沂蒙山区的数百条公路上。产品4天内就可到达全国任一县以上物流网点。

今天与昔日对比,小推车进了博物馆,柳筐却成了抢手货。这一重音对比,反映了柳编企业的蓬勃兴起和现代物流业的繁荣。文字中的数量词作为重音强调,能很好地体现出柳编企业的发展状况和物流业的繁忙景象。播音节奏稍快,就能将新闻的新鲜感非常自然地展现给受众。

三、语气

语气是指播音主持创作主体思想感情运动状态支配下语句的声音形式。语句本身由语法形式构成,通过播音主持创作主体带有思想情感运动的嗓音表达,便有了由气息、口腔、声音等方面变化组成的具有一定声音发展趋向的形式,即语势。张颂先生在《朗读学》一书中总结的波峰类、波谷类、上山类、下山类,以及半起类,就是对语势的形象描绘。而对语气的表达,关键是要求播音主持创作主体在两方面作出努力:一是对所表述的内容产生具体的思想情感和态

---

① 〔英〕尼古拉斯·阿伯克龙比:《电视与社会》,张永喜、鲍贵、陈光明译,南京大学出版社2007年第2版,第16页。

度分寸;二是必须通过一定的语法形式和声音形式,将文本内容流露与呈现出来,否则就难以发挥有声语言的传播和感染作用。

思想情感、态度分寸包括爱憎、是非等内容。

爱憎,是指爱、恨、惧、疑、冷、怒等感情方面的具体性质。是非,是指正确、错误、赞成、反对、支持、批判、严肃、郑重、亲切、活泼等态度方面的具体性质。

感情分量:是指随爱憎、是非判断程度的不同,给予不同的语法形式和声音形式以不同的分寸火候。如:

蜜蜂在花园里忙碌着,嗡嗡嗡,嗡嗡嗡。它把花蕊里的蜜采出来,再送回蜂巢去。一趟,两趟……阳光下,它脸上的汗珠亮闪闪的,可它干得很起劲。

花园里高大的树上,正歇着一只鹰。鹰盯着忙忙碌碌的蜜蜂看了好一会儿,终于开口了:"蜜蜂,我真可怜你呀!"

蜜蜂停下来,擦擦汗,抬起了头,笑着问:"为什么呀,鹰大哥?"

鹰说:"你这是在白忙啊!谁看见你采蜜的技术了?你把辛辛苦苦采来的蜜往家里的蜜箱里一倒,谁证明你采过蜜了?你这样劳碌一辈子,死后都没有谁记得你!"

"瞧我!"鹰张开翅膀,扇了几下,扇得地面灰尘飞扬,扇得蜜蜂跌了个跟头。鹰接着说:"我只要拍拍翅膀,立刻能冲天而起,轻易地飞上云霄。这时,没有一只鸟再敢起飞,跑得再快的山鹿也躲得不见影子。就连人都得紧张地盯着他们的羊群。哈哈哈哈!"鹰仰头大笑。

蜜蜂终于懂得鹰的意思了。它说:"鹰大哥,您很幸福,因为您有力量和信心。"

鹰骄傲而威严地笑了笑。

蜜蜂又说:"我呢,我不要荣誉。看见蜂房的蜜箱我就高兴,因为其中有我采来的一滴。"

鹰愣住了,它开始尊敬这个小家伙了。[①]

在这篇寓言里,我们可以听见蜜蜂忙碌的嗡嗡声,看见蜜蜂奔波的身影,也

---

① 《伊索寓言》,转引自付程主编:《实用播音教程·语言表达》(第2册),中国传媒大学出版社2002年版,第106~107页。

可以感受到鹰过于聪明的姿态和蜜蜂不为名利,诚实、勤奋的精神。鹰体贴蜜蜂又藐视蜜蜂的语气:"蜜蜂,我真可怜你啊!"用的是波峰类语势;"我只要拍拍翅膀,立刻能冲天而起,轻易地飞上云霄。这时,没有一只鸟再敢起飞,跑得再快的山鹿也躲得不见影子。就连人都得紧张地盯着他们的羊群。"分别用了上山类、波峰类和波谷类语势。蜜蜂尊重鹰的选择,却坚守自己信念的语气,特别是最后一句:"我不要荣誉。看见蜂房的蜜箱我就高兴,因为其中有我采来的一滴",通过波峰类、上山类和半起类语势呈现,说得越真实,感染力就越强。鹰先是"愣住",转而感动,并且开始尊敬蜜蜂这个小家伙了。这一情感发展过程的呈现,说明播音主持创作主体思想感情的运动状态必须附着于一定声音形式的语气的流露,才能触及受众心灵,引起受众共鸣。否则,如果前面没有一系列语气的铺垫,到最后结尾,用下山类、波峰类处理"鹰愣住了,它开始尊敬这个小家伙了",就显得依据不足,不容易产生震撼作用。

四、节奏

节奏是指由全篇稿件生发、由思想感情波澜起伏造成的抑扬顿挫、轻重缓急的声音形式的回环往复。这种回环往复,主要指"语气的色彩、分量,语势的相似体的不断显露"与"转换"。[①] 节奏主要通过对比来表现,如欲抑先扬、欲扬先抑,欲快先慢、欲慢先快,慢中有快、快中有慢,慢而不断、快而不乱等。由于情感色彩不同,节奏有不同的类型,如高亢、紧张、轻快、低沉、舒缓、凝重等。

请看例句:

> 那就是白杨树,西北极普通的一种树,然而实在不是平凡的一种树。
>
> 那是力争上游的一种树,笔直的干,笔直的枝。它的干呢,通常是丈把高,像是加以人工似的,一丈以内,绝无旁枝;它所有的丫枝呢,一律向上,而且紧紧靠拢,也像是加以人工似的,成为一束,绝无旁逸斜出;它的宽大的叶子也是片片向上,几乎没有斜生的,更不用说倒垂了;它的皮,光滑而有银色的晕圈,微微泛出淡青色。这是虽在北方的

[①] 张颂:《播音创作基础》,中国传媒大学出版社 2011 年第 3 版,第 110~111 页。

风雪的压迫下却保持着倔强挺立的一种树！哪怕只有碗来粗细罢,它却努力向上发展,高到丈许,二丈,参天耸立,不折不挠,对抗着西北风。

这就是白杨树,西北极普通的一种树,然而绝不是平凡的树！[①]

赞颂白杨树普通却又不平凡,它笔直、高大,一丈以内无旁枝,丫枝也不旁逸,连叶子也不斜生,最重要的是在北方风雪的压迫下,它参天耸立,不折不挠,与西北风对抗,倔强挺立。层层叠叠的排比句、对偶句、递进句,使得有声语言表达更多地呈现波峰类和上山类走势,气势昂扬宏伟,节奏高亢有力。若用轻快、舒缓的节奏表达,白杨树挺拔倔强的力度便荡然无存,这篇散文的意图也就难以表现出来了。

下面这段叙述与高亢相对,语气平和、节奏舒缓。有声语言表达不能不考虑原作者对托马斯个人风格的了解,以及原作者所运用的笔调:

我们住在斯德哥尔摩的南区,我们的地址是史威登堡街33号(现在改名为篱笆门大街)。"我的外公和外婆住在附近,在布莱金厄大街,转弯就到。"

托马斯·特朗斯特罗姆这样描述。顺着他外公外婆曾居住的布莱金厄大街很容易就到了篱笆门大街。火柴盒样式的公寓楼被翻新过,看不出已经有90年的历史。那个街区有些荒凉。

托马斯就坐在单人椅上,落地灯照在他身上,脸上的皮肤满是时间留下的皱褶,让人想起他写的那句"直到光线赶上我/把时间折起来"。窗外下着大雪,大海和桥,就像托马斯写的:"一座桥/慢慢地/自动地盖住天空"。

客厅有托马斯的大钢琴,钢琴上散落着一本托卡塔的琴谱,有时他会用左手弹琴。1990年,托马斯中风,到现在已经20多年了。诗人北岛在他的一篇文章中这样描述中风后的托马斯:"他后来在诗中描述了那种内在的黑暗:他像个被麻袋罩住的孩子,隔着网眼观看外部世界。他右半身瘫痪,语言系统完全乱了套,咿咿呀呀,除了莫妮卡,

---

[①] 茅盾:《白杨礼赞》,原载《文艺阵地》月刊第6卷第3期。

谁也听不懂。"就算在中风以后,托马斯还是出版了不少诗集。托马斯的朋友、汉学家马悦然说,去年他在诺奖颁奖典礼上遇到获得诺贝尔生理与医学奖的得主,按这位科学家的观点,像托马斯这样中风后能再写诗几乎是不可能的。可是托马斯做到了。①

内心也许热烈,外表却显得沉静、孤独,原作者对托马斯,这位2011年诺贝尔奖获得者居住环境和个性意志的描写、叙述,简洁细致,视觉所触引发的内心感受和想象,凝固于这一具体语境。播音主持创作主体如果没有将自身的敬慕之情在一种宁静、舒缓的节奏中展露出来,就不容易将受众带入特定的情境,对受众的气氛感染就不会深刻。因此,使用多连少停、起伏不大、下山类语势形成的节奏,就能很好地衬托出托马斯中风后内心的平静与执著。

播音主持总是沿着一定的序列表达语句的,播音主持创作主体表达语句的同时必须显露语气、展示节奏,才可能产生感染力、感召力。停连、重音正是在语气、节奏的呈现过程中发挥各自的作用。因此,一方面,停连、重音总是服从、服务于语气和节奏的,语气、节奏对停连、重音有着一定的影响、带动作用;另一方面,处理停连的长短快慢,强调重音的变化发展,反过来也会促使语气、节奏的进一步形成。我们既然懂得了语言表达的内外部技巧的含义和特点,就应当将它们当作一个整体,灵活运用,强化语言表达的实际效果。

第三节 有声语言表达规律

从有声语言传播的创作实践出发,张颂先生总结出六条有声语言表达规律。

一、思维反应律

思维反应律是指播音主持创作主体依据文本、语境反映的主客观世界,作出辨析、判断和选择。而在有声语言和副语言表达上,区别主次、突出重点,给

---

① 石剑锋:《诗人,用深邃的灰色眼睛说话》,《东方早报》2012年12月13日《文化》副刊B1版。

予稿件恰切的语气分寸,以达到预想的传播目的。

　　思维是人类特有的精神活动。通过大脑皮层对主客观世界作出积极反应,既可以自己跟自己交流,也可以通过言谈、书写表达出来与他人交流。在没有与人交流之前,我们可以称思维是"具有交流潜在性的大脑活动"。播音主持通过有声语言和副语言反映主客观世界,实际上是播音主持创作主体的思维活动在起作用。思维过程的基础是表象、概念,通过播音主持创作主体的分析、综合、判断、推理,实际上是对主客观世界的一种提炼和升华。所谓有思想,就是思维活动在某一方面运动的结果。形象思维、逻辑思维或曰具象思维、抽象思维,只是思维的不同路向。这种不同路向的思维活动,展示了人类大脑皮层活动的活跃与多元。语言文字始终伴随着思维活动,当思维处于潜在状态时,未必能一一呈现相应的词语,而一旦要将思维活动交流于外,词语的建构就成了必须。有声语言和副语言传播是一种公开性交流,语言的呈现要求和思维状态基本同步,这是因为有声语言和副语言传播本身已经有了一个预想目的,思维状态不能脱离这个预想目的。

　　播音主持中的所谓思维反应,是指播音主持创作主体对于不同文本、不同语境经过自身思维运动后快速形成的一定的内心表达框架和外在表达形态。这里重要的是有不同的反应,没有固定的模式。如针对有稿、无稿、录播、直播等各种情况,不同的题材、不同的体裁、不同的语境、不同的受众,需要有不同的反应,产生不同的思路、不同的文路、不同的表达方式。不论有无文字依据,都必须很快地联想到主客观实际,融入自己的感受、态度,同时应具备有层次、有主次、有重点的表达意识,无论具象呈现还是抽象认识,都必须围绕播出目的展开。

　　因此,从微观角度看,如遇到新闻播报、新闻评论、生活服务或综艺娱乐节目,只有对这些体裁特点和一般表达方式有一定的知晓度和分辨度,才可能产生较快的思维速度。从宏观角度看,广播、电视在有声语言和副语言表达上有不同的要求。广播直播和电视直播,主持人的表达手段和表达方式也有不同的特点:广播无画面,有较大的想象空间,主持人可以对事实进行详细描述,听众不会觉得烦;电视有画面,直观性很强,不需要主持人再去细描,而要求主持人的话语有助于画面的理解,也就要求更精练。

　　播音主持的实践告诉我们,思维反应律可以指一篇稿件内不同变化的处理能力,也可以指不同稿件、不同节目栏目组合后的调节控制能力,还可以指不同媒介交叉使用后播音主持创作主体的应变创新能力。它实际上是对播音主持创作主体社会文化知识和语言表达能力的综合考验。

掌握思维反应律的关键点:

一是积极活跃的思维运动。启发诱导出深层意蕴,避免浅层次思维反应。

二是敏锐迅捷的思维速度。体现思维深度准确有序,防止杂乱或表面文章。

三是周密全面的综合效应。既有表象、想象、情感的介入、渗透,又有抽象、概括、理性的权衡、取舍。

二、词语感受律

词语感受律是指播音主持创作主体面对词语这第二信号系统,通过想象、联想,产生与之对应的主客观世界的感同身受,有感而发,并渗透于词语序列表达的准则。

思维反应要求播音主持创作主体联想主客观实际,融入个体感受,不是空泛的,而是具体的。力求对内容形式恰如其分地表达,并在词语序列中一一呈现,也就成了播音主持创作主体每一次创作活动的基本要求。

词语感受包括文字词语感受或内部语词语感受,因为就词语出声角度而论,两者是相同的。如"高"和"低"两个字,可以表示不同物体的水平程度。无论是看着文本说,还是脱离文本说,只有说出口的感觉和看上去、听上去的感觉一致了,才能说把不同物体"高"或"低"的不同程度表达准确了。

播音主持的基本特点是有声语言表达,但有声语言并非只是表达有声语言本身,还要表达主客观世界的变化。同时,主客观世界通过语言(文字语言或有声语言)这个第二信号系统或曰"中介"表达时,因为语言符号的存在,往往容易阻碍播音主持创作主体对它的感受。而忽略这种感受,语言就容易与主客观世界产生隔阂,失去它的生命活力。因此,播音主持创作主体必须勇于和善于激活这个感受,才可能让表达充满活力。

词语感受首先是可感,在可感的基础上要求准确。所谓可感,就是要求将词语和现实生活中的主客观事物相对应,不仅感受它,还能形象地描述它,而不是只有词语的概念表述。如说到山高、说到林茂。什么样的山,黄山、泰山还是你家门口的小山？它高,高到什么程度？你都要有具体想象、具体体会,然后再上口表达。林茂也一样,是你在参天大树下行走,感叹它的繁盛似有无法走到尽头的困惑,还是远望树木成排成片,密密麻麻,你从心里敬佩当年栽树者具有前瞻性的举动？只有真心感受,才能赋予词语以灵性。有些词语无形象,但一定有含义,你必须弄懂它,即使一些虚词,也要知道它在语用中的功能,努力实践语言传播"无一字无依据"的创作高标准。

掌握词语感受律的关键点:

一是要让词语活起来,具体可感,准确贴切。

二是不停留在词语的概念上,而要抓心灵感受。

三是要突出传播目的,体现色彩变化。

表达客观事物时,要注意日常对词语的感受力,避免生硬地背腹稿,或刻板、随意地"说"。

三、对比推进律

对比推进律是指播音主持创作主体通过文本或语境产生对主客观世界的思维反应和主体感受后,在词语序列的主次关系、重点、非重点关系,思想情感的色彩分量、分寸火候,以及声音的变化等方面,使有声语言表达产生对比、流动而有序推进的准则。

对比是一切艺术的审美规律,是克服审美疲劳的途径之一。央视青歌赛上女主持人一天换一身服装,那还是从外表上的对比处理,所谓外在美。电影《庐山恋》女主角当年拍摄时,导演也如此要求,当年一些人的非议,今天看来已经不算什么了。其实从另一角度也表明,人们的审美眼光越来越高了。有声语言和副语言的对比,首先是内容带来的,但形式有时也反作用于内容。中国人喜事穿红,丧事戴黑,就是一种服饰标志,一种我们称之为"副语言"之一的服饰形式上的对比。有声语言的对比,主要有语气对比和节奏对比。语气对比表现在感情色彩是欢快、轻松还是凝重、深沉上;节奏对比表现在语调的高低和语速的快慢上。

掌握对比推进律的关键点:

一是对比显出差异:强弱、高低、快慢、刚柔等。声嘶力竭或平淡机械都不可取,都缺乏艺术性。

二是对比有内容也有形式。依据有:感受、态度、情绪;停连、重音、语调等。

三是有对比才有变化,有变化才有推进,才能显露目的、方向,才能使接受主体感受到词语的意义与活力。

四、情声和谐律

情声和谐律是指播音主持创作主体在处理有声语言情、声、气三者的关系时,坚持感情给足、声音有节制、气息自如的表达准则。

情声和谐最能体现播音主持艺术的特色。声音和情感是一对永远需要认真对待的矛盾。"改变状态,引向情感,以熟为生,留有余地"[1],目的都是为了能有效、自如、完美地表达。思想感情的运动状态、分寸把握,又与声音处理密切相关,必须经常用"第三只眼"检查、审视自己,以达到完美表达的境界。

情声和谐,首先要调动情,情动、气动、声动。情动得有度,这个度要靠声来把握。练声的意义就在于将声音训练得能高能低,能近能远,能刚能柔,能实能虚,所谓收放自如。情声如何能结合得完美?它依据的标准是什么?就是内容与形式。这样的题材、这样的体裁、这样的思想、这样的情感、这样的媒介、这样的语境,就该用这样的形式表达。表达是否到位,情声是否和谐,都得因时因地因事因人而定,只有播音主持创作主体和接受主体产生了共鸣,有了积极的想象空间,这条规律的作用才算得到了有效的发挥。

掌握情声和谐律的关键点:

一是声情并茂才能吸引受众,将受众的无意注意变为有意注意,使受众由被动接受变为主动接受。

二是要懂得声音节制的意义:

①"无一字无依据",避免"情不足,声来补";

②既不一味追求洪亮,也不一味压低声音;

③留有余地,声音才能灵巧自如。

五、呼吸自如律

呼吸自如律是指播音主持创作主体依据文本和语境有感而发、因情用气,

---

[1] 张颂:《播音创作基础》,中国传媒大学出版社2011年第3版,第136页。

保持呼吸自如、不僵不散、有多有少、有快有慢。这也是保持最佳气息状态的准则。

呼吸自如主要是针对播音员、主持人在话筒、镜头前的用声表现而言的。它要求播音主持创作主体正确用嗓，以情带声，以气托声。让气息随着内容发展自主运动，不急不躁，不紧不慢，不喘粗气，不冒杂音、尖音。播音主持发声有两种常见现象：一是"只闻声，不闻气"，强调声音的响亮、坚实，二是"既闻声，又闻气"，强调声音的深沉、柔和。新闻类节目的播音主持，偏于前者，非新闻类节目，特别是文学类节目，偏于后者。具体运用时要根据内容有所侧重，或兼而有之。

掌握呼吸自如律的关键点：

一是因情而动，气随情动。

二是状态灵活，不拘一格。

三是呼吸自如，不紧不松。

六、自我调检律

自我调检律是指播音主持创作主体在有声语言酝酿、表达过程中，通过听觉等感觉器官，对"走思""走调儿""失味儿"等各种不利于实现传播目的的现象及时予以纠正的表达准则。

自我调检是针对播出过程中播音员、主持人表达状态的一种自我检查和自我调整。如感情色彩的浓淡、音调变化的高低强弱、语节的疏密、语速的快慢，经过适时处理，使之更能符合文本主体的内涵实质，符合语境需要，也更符合接受主体的视听意愿。

自我调检如同戏剧理论中的"第三只眼"，它并不中断播音主持活动，却要分出一部分精力，对现场发生的问题迅速予以纠正。

掌握自我调检律的关键点：

一是注意用听觉检测，以大脑判断。

二是注意心理的调节，状态的变化。

三是注意目的的落实，不偏离主线。

本章小结

有声语言表达的内外部技巧和有声语言表达规律是传媒实践中播音员、主持人体现业务能力的核心部分。内部技巧强调以情带声，是内部语言组织创作的心理依据。其中，内心感受是关键。形象感受意味着播音主持创作主体必须透过文本展开想象，看到它反映的虚实情景。逻辑感受就是要体会并处理事实间的关系与语句间的关系，这是让话语生动有条理的基础。感受又必须凝聚成一定的情感、情绪。情感调动中的情景再现，就是想象、联想的一个目的地，但要求在感受基础上出立场、出情绪、出态度。内在语避免了话语出口的单一、苍白，是话语有底气的根源所在。对象感则让播音主持创作主体的话语更有针对性，更有分寸感。有声语言表达的思维反应律、词语感受律、对比推进律、情声和谐律、呼吸自如律、自我调检律，是对播音主持有声语言表达实践情声气状态的综合反映和总结。违反哪一条规律，都将给传播效果带来不良影响。

思考题：

1. 形象感受和逻辑感受的交融是怎样实现的？
2. 运用"情景再现"这一方法的目的是什么？
3. 你认为克服语句表达"感情笼统"的具体办法有哪些？
4. 谈谈你对有声语言内外部技巧的认识。
5. 用实例论证有声语言表达的一条规律。

第六章
副语言的表现形态、创作功能与表达规律

内容提要：本章第一、二节通过介绍副语言的表现形态和创作功能，说明副语言和有声语言的表达相辅相成、相得益彰，有不可替代的独特作用。第三节介绍副语言的表达规律，说明播音主持创作主体应依据不同语境，遵循不同规律，实现较好的传播效果。

电视节目，尤其是电视新闻节目，播音主持创作主体的面部表情、神态体态和动作，都会影响有声语言的表达效果，成为信息传递的重要组成部分。

第一节　副语言的表现形态

播音主持副语言特指播音主持创作主体在电视屏幕中的发型、妆容、服饰、面部表情、神态、动作等。其中，尤以面部表情和眼神最为重要，因为它们和有声语言的表达密切相关。

一、发型、妆容、服饰

不同类型的节目对主持人的发型、妆容、服饰有不同的要求。例如新闻节目主持人的发型、妆容、服饰应端庄大方、合乎潮流，体现时代、社会的精神风貌。

1. 发型

男播音员的发型设计和头形、脸形、年龄等都有关系，因人而异。女播音员的发型设计更需要和五官、服饰、体态相搭配。如高鼻子的将头发柔和地梳理在脸庞的周围；低鼻子的将两侧的头发往后梳，使头发与鼻子距离拉长。大耳朵的宜留盖耳长又蓬松的发型；小耳朵的不宜将太多、太厚的头发夹在耳朵上。宽眼距的不宜留长直发，头发可做得蓬松一点；窄眼距的发型两侧不一定要做得很对称。瘦长脸形且颈部较长的，宜采用两侧蓬松横向发展的大波浪发型；脸部饱满且颈部较短的，宜采用略长的短发式样，两鬓服帖，后发际线略尖。短小体型的宜留短发，留长发时在头顶部扎马尾或是梳成发髻，使重心上移；高大体型的宜选择中长发；溜肩体型的在肩颈部周围可以留丰盈的中长发。

2. 妆容

人的脸形根据"三庭五眼律"（发际至眉心、眉心至鼻尖、鼻尖至下颏三段距离等分，两眼间、内眼角至外眼角间、外眼角至鬓角发际间距离相等），也就是面部纵轴三等分、横轴五等分协调搭配。修容主要是对不足部位稍作修饰，让人感觉五官端正、轮廓鲜明、落落大方。

3. 服饰

由于目前电视摄像机只能在 20∶1 的反差范围内有还原的效果，因而服饰颜色对比反差不宜太大。

具体到个人，除了注意性别、年龄、体态的区别，更要结合节目宗旨，既与众不同，又让人有赏心悦目之感。

二、面部表情与眼神

播音主持创作主体在使用有声语言传播内容信息的同时，也使用发型、妆容、服饰等副语言，它们是接受主体对播音主持创作主体的第一印象。而在传播过程中，接受主体的注意力能否被播音主持创作主体始终吸引，面部表情和眼神才是主要元素。它们直接反映播音主持创作主体的内心感受，是情景再现、对象感、内在语等播音主持内部技巧的直接流露。

以 2012 年 12 月 12 日中央电视台《新闻联播》有关朝鲜"光明星"三号卫星

发射成功的报道为例:

> 据朝鲜官方媒体今天报道,朝鲜"光明星"三号卫星今天上午发射成功,卫星进入预定轨道。

是赞成?是谴责?是遗憾?作为中央电视台播音员的播报,显然代表中方的立场态度。如果没有对"光明星"三号卫星发射背景的深入了解,就很难体现这种立场态度。

从 20 世纪 80 年代起,朝鲜就开始研究用运载火箭发射卫星。联合国安理会分别于 2006 年和 2009 年通过 1718 号和 1874 号决议,要求朝鲜以全面可核查和不可匿的方式放弃所有核武器和现有的核计划,立即停止一切有关活动。因而,俄罗斯外交部称俄方对朝鲜发射卫星的举动"深感遗憾",认为朝方的行为违反了联合国的相关决议,增加了地区的不稳定性,并呼吁相关国家保持克制,不要加剧紧张局势。美国白宫国家安全委员会发言人发表声明,称朝鲜发射卫星是"极具挑衅性的行动",说朝鲜的举动直接违反安理会有关决议,违背了朝鲜的国际义务。韩国总统则紧急召开国家安全保障会议,商讨应对举措。日本内阁官房长官表示,朝鲜发射火箭是破坏地区和平与稳定的行为,极其令人遗憾,不能容忍,日本政府表示严正抗议。

中国外交部发言人代表中方对朝方在国际社会普遍表明关切的情况下实施卫星发射表示遗憾,希望有关各方冷静对待,共同维护半岛和平稳定大局。[①] 因此,当播报结尾"卫星进入预定轨道"一句时,播音员是像以往那样以微笑姿态和观众一起观看卫星发射现场场面,还是显露一定的带有我国特有立场态度的关切神情,传播效果显然大不相同。

消息的客观报道意味着不应将主观意志强加于人,却并不等于可以削减播音主持创作主体的主观认识与理解。客观报道中蕴含着播音主持创作主体的主观感受,报道的客观性、真实感才更有生命活力,而不只是将文字稿转变为有声语言。播音员李瑞英在这则新闻中给了一个既冷静对待又热切关注的眼神,体现了应该具备的政治素养,在表达上拿捏住了恰切的分寸火候。

又如 2012 年 12 月 17 日中央电视台《走基层:寻找最美乡村医生》开始语:

---

① 2012 年 12 月 12 日中央电视台《新闻联播》。

我们来认识一位 33 岁的壮族小伙李前峰。作为广西横县大浪村的村医,过去 10 年间,李前峰拖着病痛的身躯,用一根扁担挑着药箱,走遍了大浪村方圆 100 多平方公里的 8 个村寨。

结束语:

乡亲们的夸奖,让李前峰很有成就感。但是谁都不曾想到,就在李医生挑着扁担和药箱,守护着大山深处 2300 多名乡亲健康的时候,一场巨大的灾难正向他悄悄袭来。请继续关注《走基层:寻找最美乡村医生——扁担村医李前峰》的故事。

在播音员开始语和结束语之间穿插的是,李前峰艰难地行走在道路崎岖的山村,承担全村 400 多名育龄妇女的卫生保健工作,从不被理解的尴尬到摸索出一些有效的诊疗办法,解除村民病痛的感人故事。

在"乡亲们的夸奖,让李前峰很有成就感"一句前,画面有山村妇女的欢笑。播音员应融入画面,想山民所想、乐山民所乐。而"但是"后面故事的发展,巨大灾难袭来时该有一种什么样的感受,播音的情绪又直接影响受众的情绪。

第二节 副语言的创作功能

播音主持创作主体在话筒镜头前,自觉运用副语言,有利于节目内容主题的推进与深化。

一、补充

所谓补充,是指通过播音主持创作主体的眼神、表情、动作等副语言创作,体现播音主持创作主体的情感态度,起到补充信息的作用。

2013 年 6 月 9 号,德国慕尼黑发生了一起交通事故,一辆双层巴士撞上了一座铁道桥,造成 40 多人受伤。(播音员神情稍显凝重,补充说明播音员对伤者的关注与关切)从事故现场的画面,我们可以看到这辆双层巴士的上层前半部分已经被撞毁,车体的铁皮因受到挤压已经完全变形。

二、替代

所谓替代,是指播音主持创作主体不直接运用语言(包括文字和声音)信息,而以眼神、表情、动作等副语言展示内心活动,起到比语言信息更具感染力或说服力的作用。

祝大家周末玩得好、吃得好。今天我看到一句特别特别这个深沉的话,我觉得说得特别好:你的世界是什么颜色的?(左手比画)不是来自你看到的,或者来自你听到的,而是取决于(伸出食指以提示)你相信谁?(此时主持人左右扫视,似乎在思索,然后脱口说出)我觉得说得太好了!(主持人若有所思,身体从右转向正前方,接着说)明天我要去北京,我(稍作停顿)相信口罩。①

主持人最后一句以幽默的口吻点题,表达了主持人盼望早日治理雾霾的心情。

三、强调

所谓强调,是指播音主持创作主体有意识地运用点头示意等副语言来突出或明确表达内容。

如2013年3月22日至3月30日,习近平主席首次访问俄罗斯、坦桑尼亚、南非、刚果(布),并出席金砖国家领导人第五次会议。随同的播音员在刚果机场播报新闻时,点头成为表达新闻要素的标志性符号:

这里是刚果共和国布拉柴维尔玛雅国际机场(点头),现在是当地时间3月29号的中午(点头),应刚果共和国总统萨苏邀请(微微点头),国家主席习近平(稍抬头)今天抵达这里(点头),开始对刚果共和国(稍抬头)进行国事访问(点头)。

---

① 2013年11月1日凤凰卫视《娱乐大风暴》。

又如下一则新闻：

　　各位观众，这里是美国加利福尼亚州安纳伯格庄园（点头），现在是当地时间2013年6月7号的下午。中国国家主席习近平同美国总统奥巴马（稍作停顿）即将（点头强调）开始会晤。两国元首在这次会晤中，将就中美关系发展作出规划，并就共同关心的国际和地区问题广泛深入地交换意见。（紧接）毫无疑问，安纳伯格庄园已经成为这些天（稍作顿歇并抬头）全球瞩目的地方。（点头）

四、否定

所谓否定，是指播音主持创作主体通过眼神、表情、动作等副语言，表达否定的态度、情感。

如2013年6月6日凤凰卫视《媒体大摄汇》中的消息《医生称睡前关灯玩手机或致眼睛黄斑部病变》。主持人在报道时，称有人睡前还在玩手机，看微博、看微信，成了"黄脸婆"。主持人用手在自己眼睛旁，画了三个圈，表示否定这种行为。

五、重复

所谓重复，是指播音主持创作主体通过眼神、表情、动作等副语言，表达肯定的态度、情感，以加深接受主体的理解和印象。

如2013年6月10日凤凰卫视《媒体大摄汇》中的消息《78岁老人拉筋养生，轻松下腰练就"一字身"》。

　　现代人太忙，忙我们也要关心一下自己的健康。虽然呢，我们改变不了身份证上的年纪，（主持人用手比画身份证的形状）但是我们可以改变看起来的年龄。（主持人用手比画自己的身体，提醒观众注意）现代人筋骨很重要，（用手作出捏拳、松拳的动作）早上起床之前，赶快拉拉筋、松松筋骨，其实对身体是有好处的。（点头以示肯定）

第三节　副语言的表达规律

一、情境感受

播音主持创作主体必须考虑传播的国际性、世界化，考虑节目的具体情境。不论是文本语言的转化还是内部语言的转化，都应如身临其境、入情入境，才可避免表情的刻板、生硬。

如报道地震灾区的孩子灾后恢复正常生活的消息。在电视画面上，是孩子们一张张欢乐的笑脸。播音员在播报消息导语时，虽然不能看见画面，但必须通过文字联想到现实情景。

情境感受的关键点：一是要认识电视是现实世界的缩影或反映；二是要善于通过文本符号联系现实；三是要善于感受形象世界并自觉入情入境。

二、眼神传情

新闻评论节目和专题娱乐节目中的一些特写镜头，播音主持创作主体的眼神应与有声语言配合，以产生更好的传播效果。

如播报地震、水灾、道路交通事故时，播音员严肃的神情，播报农业丰收、国际比赛夺冠时，播音员喜悦的神情，都能感染受众。

眼神传情的关键点：一是要通过眼神流露出符合播出目的的情绪；二是要抓住要点流露眼神；三是要依据不同内容、对象，赋予眼神不同的表现。

三、微笑交流

微笑是日常人们见面、交流的基本方式之一。无论是新闻联播、专题采访还是综艺晚会，无论是节目开始还是结尾，用微笑迎送观众，是关心、体贴、尊重、感谢观众的一种体现。要根据不同内容，抓住不同微笑的根源依据所在，避免傻笑、干笑等不自然的笑。

如每天的新闻播报和天气预报，播音员、主持人面带微笑，易于拉近与受众的距离,产生亲近感、亲切感。根据不同内容,播音主持创作主体应表现出不同的神情和状态。

微笑交流的关键点:一是要将微笑看成是一种职业需要;二是学会发自内心而非表面的微笑;三是要结合内容与对象掌握微笑的分寸。

四、点头示意

适当的点头,既能表现出对受众的尊重,也能很好地传达意义。例如,在新闻播音和现场报道中对新闻要素的强调,在专题采访中对提问要点的突出,在综艺娱乐节目中对笑点、看点的提示,等等。专注倾听和适时的点头或微笑,都能起到一般有声语言起不到的作用。

如"神舟十号"系列报道中,提到航天员在国际空间站生活六个月之后,身体十分虚弱,就好像是一个八十岁的老人。太空中为了维持人体的各个器官组织的正常运转,国际空间站的航天员"每天至少进行两个小时的体育锻炼"。在讲到"两个小时"处,播音员的点头就是对航天员以顽强意志进行刻苦训练的一种肯定。

点头示意的关键点:一是要明确点头是为了表示意义;二是应注意紧随表达内容而适时点头;三是要避免不点头或频频点头这两个极端的倾向。

五、手势辅助

在对具体事物的描述和具体事件的解释说明中,手势辅助往往有助于准确、生动地传情达意。

如在介绍"神舟十号"航天员的空中生活时,演播室摆放了一个"神舟十号"的轨道舱(生活舱)模型,让观众产生具体的感受与想象,主持人还时不时地用手势比画航天员怎么在有限的空间内换衣服、挂衣服等。

在一些综艺娱乐节目中,主持人通过手势能更自由地辅助有声语言传情达意。

手势辅助的关键点:一是应认识手势对有声语言的辅助作用;二是对有声语言难以描摹的事物应借助手势;三是要避免手势的单一、模式化,学会灵活运用。

六、动作展示

利用电视中景、全景及特写镜头的拍摄,播音主持创作主体的四肢与躯干有机、协调的动作展示,往往能给观众留下深刻的印象。

如中央电视台《星光大道》主持人为说明玩游戏也有熟悉过程、也得练的道理,在节目中又旋陀螺又甩鞭的动作展示;又如2013年6月5日,在中央电视台《我爱满堂彩》的节目《嫦娥与玉兔》开场白中,两位主持人分别扮演嫦娥、玉兔,进行符合角色和扮相的动作展示……都是为了吸引受众。

动作展示的关键点:一是要明确主持和表演的不同内涵,敢于和善于根据内容进行"角色转换";二是要注意动作展示的不同场合特点;三是应避免出现多余的或无谓的动作。

只有自觉地认识并运用这些副语言表达规律,播音主持创作主体才能更有效地进行传播。

思考题:
1. 谈谈你对副语言表现形态的认识。
2. 谈谈你对副语言创作功能的认识。
3. 谈谈你对副语言表达规律的认识。

第七章
播音员、主持人的政治文化素质和策划采编素质

内容提要： 本章从播音员、主持人的社会属性角度，结合历史与现实，特别是面对现代传播技术日新月异的全媒体时代，播音员、主持人在加强专业技能训练的同时，如何提高政治、文化修养，提高策划创意、采编制作能力，提高语言表达能力，全方位履行好自己的岗位职能方面作出阐释，目的在于明确播音员、主持人的社会责任，增强社会服务意识和导向意识。

播音员、主持人历来处于传播最前沿，是媒体的代言人，在我国有着鲜明的"党、政府和人民的喉舌"的"喉舌"性质，肩负着多重职责。尽管当今时代由于传媒技术的突飞猛进，出现了广播电视网络视听的跨屏、多屏、多终端传播，播音员、主持人的这一身份属性却从未被动摇过。这就提出了播音员、主持人的素质修养问题。除了前面谈到的专业素质，我们还应将政治、文化素质，策划、采编素质的提升摆在重要位置。

第一节 政治文化素质

什么是政治？西方最初是指城邦公民参与统治、管理、斗争等各种公共生活行为的总和。我国历史上，"政"和"治"是分开的，"政"一般指国家的权力、制度、秩序和法令；"治"则指管理、教化民众以实现安定、祥和的局面、状

态等。范仲淹的《岳阳楼记》有"政通人和,百废俱兴"一说,其中的"政通"指的就是政事顺利、百姓和乐,形容国家稳定、人民安乐。《礼记·大学》中曾有"修身、齐家、治国、平天下"一说,其中的"治国"就有治理国家政务,使之强盛安定之意。

什么是文化？广义的文化是指人类在社会历史发展过程中所创造的物质财富和精神财富的总和。狭义的文化可以从几个层面去理解,比如物态的,就是可触摸到的具有物质实体的文化事物,它是人类的物质生产活动方式和产品的总和;制度的,就是人类在社会实践中形成的各种社会行为规范;行为的,就是人际交往中约定俗成的以礼俗、民俗、风俗等形态表现出来的行为模式;心态的,就是指人类在社会意识活动中孕育出来的诸如价值观念、审美情趣、思维方式等主观因素,也就相当于我们通常所说的精神文化、社会意识等。这是文化的核心,特别能反映人的主观能动性。

解放战争时期,中国共产党的主要宣传任务是报道中国共产党领导人民与反动派进行和平方式的斗争,揭露美蒋"假和平、真备战"的阴谋,以粉碎蒋介石的军事进攻。中国共产党领导下的延安新华广播电台,孟启予等人形成了"使人沉思,催人奋发"的播音风格。

毛泽东在《一九四八年的土地改革工作和整党工作》这份文件上亲笔指示:"此文件不要播错一个字。"直播者齐越通过自己的理解,与其他播音员交换具体播法后,一字不错地圆满完成了播出任务。在这之后,齐越播出毛泽东撰写的《我三十万大军胜利南渡长江》《人民解放军百万大军横渡长江》等新闻稿,备稿认真细致,播音风格慷慨激昂、大气磅礴。试想,这些播音老前辈如果没有较高的政治觉悟、文化素养、业务能力,能顺利、圆满地完成如此重要的宣传任务吗？

今天,时代、社会虽然发生了很大变化,播音员、主持人仍需具备较高的政治、文化修养。大到政治导向,小到事实分寸,心里始终都要有一杆秤。

如党和国家领导人在公开场合的讲话,往往对党和国家未来的政治、经济、文化和社会生活起着导向作用,每年召开的全国政协、人大会议是全国各行各业代表共商国是的大会。会议通过的决议、文件对当前和今后一个时期国家生活走向和大政方针都有纲领性指导意义,如果播音员、主持人不认真学习、思考,没有自己的独到理解,播读时就不可能明方向、有底气。

例如，2015年3月2日到15日，十二届全国人大三次会议在北京召开，会议前后有许多宣传报道。之前的2月27日，中共中央总书记习近平在"中央全面深化改革领导小组工作会"上提出"要把改革方案中的含金量充分展示出来，让人民群众有更多获得感"。"获得感"成了检验改革成果和百姓感受的新标尺，也成了百度上网民搜索次数超过45万次的热词。那么，政府怎样才能使人民有"获得感"呢？3月5日，李克强总理在十二届全国人大三次会议所作《政府工作报告》中提出"有权不可任性"。"任性"的原意是行事风格随意、不受管控。报告却给予这个词全新组合，成了政府依法行政的最新表达。新浪微博网友发帖，认为"'政府用权力的减法，换取市场活力的乘法'，通俗易懂的话语，道出了政府简政放权，为民服务的决心"。

此外，《政府工作报告》中还有许多有关今后一个时期政府工作计划的新词。像"创客"这个词，来源于英文单词Maker，是指出于兴趣与爱好，努力把各种创意转变为现实的人。创客以用户创新为核心理念，是创新2.0模式在设计制造领域的典型表现。2015年1月，李克强总理在深圳考察柴火创客空间，体验各位年轻"创客"的创意产品，称赞他们充分对接市场需求，认为他们的奇思妙想和丰富成果，充分展示了大众创业、万众创新的活力。这种活力和创造，将会成为中国经济未来增长的不熄引擎。再如制订"互联网＋"行动计划，目的是促进互联网与各传统产业的融合创新，在技术、标准、政策等多个方面实现互联网与传统行业的充分对接。当互联网全面应用到第三产业，形成诸如互联网金融、互联网交通、互联网医疗、互联网教育等新业态后，再向第一和第二产业渗透。对于这些关系我国未来经济建设"新常态"的热词，如果不理解或理解得不深刻，就会无动于衷，难以激发播音主持创作主体的创作愿望。

第二节 策划采编素质

技术进步促进内容传播形态的改革，也对播音主持创作主体策划创意、采编制作的素质与能力提出了更高的要求。例如中央电视台2015年两会期间制作的专题《数字两会》和短片《时政热词知多少》，前者将主持人置于数字与画面之中,通过数字对比和画面展示,使事实报告更直观、更易理解,后者的动画主持人,突出动画画面的形象、生动,真人配音更强调风趣、幽默与轻松。两种形式都让受众耳目一新。

一、对新闻事件的报道要善于追根问底、全面了解,讲究报道时效

例如播音员播报阿以冲突方面的消息,必须对阿以冲突有所了解。阿以冲突是指包括巴勒斯坦在内的阿拉伯国家和以色列国之间的冲突,冲突的实质是领土问题。其他冲突则主要体现在巴勒斯坦难民,巴勒斯坦地区、约旦河、黎巴嫩南部水资源,耶路撒冷的地位等方面。

如果再深入一些,需要了解阿以冲突的历史根源。公元前20世纪前后,闪米特族的迦南人定居在巴勒斯坦的沿海和平原,后来犹太人征服了迦南,占领了巴勒斯坦,建立了犹太和以色列两个国家,随后又都为外族所灭。公元前1世纪罗马帝国入侵,绝大部分犹太人流亡世界各地。公元7世纪,巴勒斯坦成为阿拉伯帝国的一部分。阿拉伯人不断移入,并和当地土著居民同化,逐步形成了现代巴勒斯坦阿拉伯人。阿拉伯帝国南部实行宽松的宗教政策,使犹太人得以在此生存。此后的几百年至今,巴勒斯坦一直是由巴勒斯坦阿拉伯人居住。16世纪起巴勒斯坦成为奥斯曼帝国的一部分,第一次世界大战后沦为英国的委任统治地。1920年英国以约旦河为界把巴勒斯坦分为东西两部分,东部称外约旦(今约旦王国),西部仍称巴勒斯坦(今以色列、约旦河西岸和加沙地带),为英国委任统治地。19世纪末在"犹太复国运动"者策动下,大批犹太人移入巴勒斯坦,抢占巴勒斯坦阿拉伯人的土地,与之发生流血冲突。1947年,联合国大会通过"联大181号决议案"决议,规定在巴勒斯坦建立阿拉伯和以色列两个独立的国家,但决议规定把巴勒斯坦总面积的57%划给占32%人口的犹太人(原本只拥有7%土地),且犹太人分得的土地都是非常肥沃的平原,而阿拉伯人分得的土地是贫瘠的丘陵,而且土地被分为3段,首尾不能相连。犹太人同意此决议,1948年成立以色列国。阿拉伯人反对该决议,未建立阿拉伯国。从此,阿以双方战争不断。

二、采访提问应本着"摈弃主观、问受众所想"的原则

当我们策划确定一个节目或一个话题之后,就需要考虑如何采访提问。美国节目主持人有几条采访经验简明实用,值得借鉴:(1)对事物充满好奇。(2)摈弃主观。(3)提问题简短切题。(4)不要让被访者用"是"或"不是"来回答问题。(5)永远不要假设受访者的答案。(6)"强迫"被采访者集中精神思考。(7)巧妙控制时间。[①]

在采访时,主持人还应注意以下几点:

1. 要抓采访内容与受众心理的契合点

采访的主要问题、切入点,用什么方式提问,提问的先后次序等,都必须事前考虑清楚。

2003年10月16日,"神舟"五号飞船返回地球。中央电视台的一位主持人向宇航员杨利伟提问:"在整个飞行的20多个小时过程中,哪一段是你感觉最难受、最具有挑战性的?"杨利伟回答"刚入轨这个阶段","感觉头朝下","经过自己一段时间的调整和平时训练的方法来进行克服"。[②] 这段采访既体现了这位主持人对杨利伟上天过程中身体情况的关切,也满足了受众对宇航员在空中经历的好奇心。

2. 要有与被访者平等交流的心态

采访过程中,用什么心态与被访者沟通交流,也是需要认真对待的问题。被访者可能是各种层次、各个年龄段的人,如果主持人能够认识到自己是代表广大受众在采访,那么就容易保持平等的心态。

1996年3月27日,中央电视台《焦点访谈》节目的一位主持人采访时任联合国秘书长加利。在回答"联合国有多大您的官有多大?"这一北京小女孩的问题时,加利突然用中文说"我们都是老朋友",引起了一阵欢笑。他接着把联合国比作大家庭,说就像小姑娘家有父亲、母亲、兄弟姐妹一样,联合国有185个成员,秘书长不过是个仆人,一个大管家,负责保护这个家,每天早上开门,打扫

---

① 陆锡初:《节目主持人概论》(修订本),中国广播电视出版社2006年版,第175~176页。
② 同上,第192页。

卫生,并像一个调解人,要"解决争议,平息争吵",努力让每个成员"彼此和睦相处"。① 正是由于主持人引导得法,将自己和被访者、受众完全站在了一条水平线上,才取得了良好的采访效果。

思考题:
1. 如何认识主持人提高政治、文化素养的重要性?
2. 主持人应如何提高策划创意、采编制作的能力?

---

① 陆锡初:《节目主持人概论》(修订本),中国广播电视出版社2006年版,第272～273页。

第八章
播音主持的语体分类与创作特征

内容提要：本章从有声语言和副语言的传播功能出发，通过对语体和文体的区分，分析播音主持不同类型样式表达的内在依据，明确播音主持创作主体的思维走向和感受体现。

文体是从文字写作角度划分的言语体式与类型。目前我们接触、了解得更多的是应用体裁和文学体裁，前者如说明文、记叙文、议论文等，后者如诗歌、小说、散文、戏剧等。语体是从传播交流角度划分的言语体式与类型。所谓语体，是指"一定语境类型中形成的、运用与语境相适应的语言手段，以特定方式反映客体的言语功能变体。"[①]语体和文体有联系、有重合，但并不等同。

学界一般认为，语体和文体在反映人类通过语言表达来达到交际的效果方面，统属于大的话语范畴。要想分辨不同的语体特征，首先要确定语境，其次要认识语境的形成，既有规定语境中的言说对象，也有与规定语境相适应的语言手段。

第一节 谈话语体的创作特征

日常谈话随时、随地、随意，它的主要特点是：(1)话题转换自由，有话则长，无话则短；(2)句式自由松散；(3)语意和语境相互依存。

---

① 王德春、陈瑞端：《语体学》，广西教育出版社2000年版，第6页。

谈话语体是指播音主持创作主体根据节目设置的需要，借鉴日常谈话特点并加以改进、提升形成的言语体式。谈话语体的创作特征有以下三点。

一、话题内容明确集中

这是由广播电视线性传播的特点所决定的。受众总是希望在有限的时间内尽可能多地获得有价值的信息，因而要求主持人对话题的组织策划相对严谨，话题的进入、展开和收束也相对有序，从而使话题的讨论更加深入。

中央电视台《实话实说》栏目曾播出一期节目《鸟与我们》[①]，现场嘉宾有养鸟专家、养鸟爱好者，有作家、演员，有男士、女士，有老人、青年、孩子。这期节目从养鸟的乐趣谈起，它天明则叫，催人早起；通过养鸟，还可致富。这期节目不但谈了养鸟的好处，也谈了反对养鸟的道理，养鸟不是爱鸟，它破坏了生态平衡，"鸟市"火爆的背后是自然界鸟类物种的生存危机。从养鸟、吃鸟到放鸟，看起来各执一词，但在节目主持人的调控下，话题始终是明确集中的，这就是：响应《世界保护益鸟公约》，文明从我做起：爱鸟、护鸟。

二、选词用语得体规范

首先，谈话语体要注意语言的规范性和普及性。普通话是全国通用语言，不能滥用方言，不能盲目模仿港台腔等。同时，谈话语体要注意语言的生动性和通俗性。

《鸟与我们》这期节目的主持风格幽默风趣，而比喻、比拟等修辞格的运用，不仅活跃了现场气氛，也赋予了主持人与嘉宾之间的对话以许多情趣。主持人介绍完嘉宾，一开始就提出"朱鹮在世界上只剩 60 只，比地球上的总统还少"。话题进行中还提出"把朋友关在笼子里不算爱"，初听觉得很奇怪，怎么把鸟和人相提并论呢？但从世界只有一个地球，人类应平等对待其他动物的角度看，这种比较却是十分得体的。人类和鸟类同属动物，不仅比喻形象、恰当，而且为保护鸟类就是保护人类自己的主旨埋下了伏笔，也深化了节目的社会意义。

另外如嘉宾谈养鸟的乐趣，说驯化了的百灵鸟能学 13 种鸟叫，主持人说："您养了一只百灵鸟，鸡鸭猫狗兔全都不用养了"；又如嘉宾讲到鸟催人早起，天

[①] 罗莉：《实用播音教程（第 4 册）——电视播音与主持》，中国传媒大学出版社 2003 年版，第 265～273 页。

明则叫,主持人富于联想地回应:"您说的情况,我听着像养鸡……"从现场观众的笑声,说明这些语言和节目内容、主持风格是相一致的。

三、句式结构完整连贯

媒体谈话节目应注意收听、收视者的随进随出性,其句式应有完整性、连贯性,才能最大限度地减少有声语言传播过程中可能产生的歧义和误听、误解。

在《鸟与我们》这期节目中,主持人的语言很注意表达的连贯性、完整性,如:"汪师傅,您是不是非常喜欢鸟,您从什么时候开始养鸟的?""您能不能给我们谈谈养鸟有什么乐趣?""把一只鸟捉到城市里来,就会有20只到30只它的同伴要死亡。您对这样的事怎么看呢?""你觉得笼养鸟是遵守自然规律还是不遵守自然规律?"等等,整组提问基本没有使用省略句和倒装句,不论是被采访者还是受众都能听懂。

第二节 报道语体的创作特征

报道语体是指播音主持创作主体向社会大众播报新闻等信息的言语体式。报道语体以追求信息的准确、真实、快速传播为原则。

一、报道语体的播出形态与特点

1. 播出形态

在目前广播电视网络中,报道语体多为"播音员播报""播音员播报+新闻画面""播音员播报+记者现场报道""播音员播报+记者现场报道+新闻画面"等几种形态。下面着重分析前三种形态。

(1)播音员播报

(播音员播报)据《文汇报》海口2月13日专电,在海南省琼山市演海镇北港村海滩搁浅的巨鲸,在2月8日被拖回大海后仍不幸死去。该巨鲸今天被埋葬。

这条10多米长、1.5万公斤重的巨大鲸鱼是2月5日被发现的。当地政府和渔民想了很多抢救办法，在鲸鱼身上浇水，以保持湿度；在鲸鱼身旁挖坑，以宽松其活动空间；为鲸鱼搭凉棚，以遮挡太阳给抢救鲸鱼赢得时间。但由于这是海南省对搁浅鲸鱼的首次救助，在全国也鲜有实例，各方面都没有经验，也缺乏救助设备。当地渔民曾用普通渔网兜住鲸鱼，再用普通渔船拖拉，但由于渔船马力不够和渔网不够结实，救助失败。后经过海洋、水产专家和渔民研究，采用较粗的渔绳穿过鲸鱼腹下先织就结实的渔网，在涨潮时将鲸鱼拖回深海，这一措施在2月8日中午实施时取得了成功。

由于鲸鱼搁浅4天，皮肤大面积被太阳晒伤破损，引发感染，加之体力消耗殆尽，抵抗力减弱，2月11日下午在海南省文昌市铺前镇新港村被发现死亡。海南省水产局和渔政监督局昨日下午决定，于今天上午将巨鲸尸体下埋在鲸鱼最初搁浅的地方——琼山市演海镇北港村一处沙地上。①

鲸鱼作为目前海洋里身体最巨大的古老哺乳动物，对它的保护就是对人类所处生态环境的保护。这条新闻反映了海南首次救助搁浅鲸鱼的行动过程，体现了我国公民责任意识的日益增强。

播报这条新闻时，对鲸鱼从搁浅到被救助归海到不幸死去再到被入地埋葬，每一环节的事实叙述，应做到客观、清晰、耐心、沉稳。

(2) 播音员播报＋新闻画面

请看2005年11月28日中央电视台国际频道《中国新闻》的报道《英国媒体曝光虐待新兵丑闻，英国防部称已介入调查》：

(播音员播报)：英国一家非主流报纸《世界新闻报》日前披露了英国皇家海军在训练过程中殴打并强迫新兵裸体搏斗等丑闻，这一消息引起了英国国防部的高度关注。

(播音员播报＋新闻画面)：在《世界新闻报》得到的这段录像中，两名受训的新兵赤身裸体、手臂套着橡胶管，在泥地里奋力拼搏，周围

---

① 《经海南方面竭力抢救无效 搁浅放归后死亡巨鲸被埋葬》，《文汇报》2000年2月14日。

十多名士兵个个一丝不挂,为搏斗者呐喊助威。搏斗还设立了两名裁判,其中一名身穿蓝色衣服的人被认定是负责训练新兵的士官,这名士官对不执行命令的新兵拳打脚踢,新兵当场倒下,不省人事。

《世界新闻报》称,这段录像是今年 5 月在普利茅斯附近的一处军营里秘密拍摄到的,该报还披露说,训练人员曾用电击、针刺、跳窗等手段虐待新兵,一些人因此受伤。英国国防部官员看过这段录像后表示,英国皇家海军素有崇尚武力的传统,但媒体披露的虐待行为已严重越轨,军方绝不能容忍。英国国防部已经成立了一个特别调查委员会对此事进行彻底调查。①

消息主体部分的新闻画面"用事实说话",播音员的播报则对导语涉及的事实作出解释、说明,起到了完善报道内容的作用。播报"赤身裸体""一丝不挂""拳打脚踢"等词语,应把同情的语气寓于客观冷静的描述中。

(3)播音员播报+记者现场报道

2008 年 5 月 12 日,四川汶川发生 8 级地震,中央电视台一线主持人、记者在地震后进行了现场报道:

(播音员播报):昨天,唐家山堰塞湖抢险工程全面完工,最后一批坝顶抢险人员已于昨晚 6 点 14 分撤离到绵阳。

(记者现场报道):我现在所在的位置是泄流槽的入水口,目前堰塞湖的水位距离入水口的最高点还有5米的高差,专家预测在上游没有明显降水的情况下,湖水会在6月3号没过我脚下的这片土地,顺着泄流槽流向下游。

又如:

(播音员播报):今天早上,唐家山堰塞湖泄流槽开始泄水。灾区各项抢险救灾工作仍在紧张进行。

(记者现场报道):现在是北京时间早上7点15分,唐家山堰塞湖的泄流槽已经开始过水了。尽管您在画面上看到的水流不是很大,但是从现在开始,堰塞湖的湖水已经与下游连接在了一起。这也意味着

---

① 李水仙:《电视新闻语体研究》,中国传媒大学出版社 2007 年版,第 155~156 页。

这项工程的减灾效应已经初步发挥出来了。与此同时,武警水电的工程部队正在泄流槽的尾部开挖一条新支槽,以此来提高泄流的效率。

记者的现场报道紧随播音员播报的概括性导语,抓住了新闻报道的要点。

2. 报道语体的特点

(1)真实准确,先声夺人

首先,新闻事件是社会生活中真实发生的事件,没有任何虚构。其次,语言表达要准确:一是对时间、地点、人物、事件等新闻要素,要有确切交代或说明,事实、数据来源要可靠。二是有声语言表达要到位。为了让受众听得清楚、听得明白,就要保证语言准确、规范,不能让人产生歧义。播音员必须去粉饰、少做作,要慎用形容词。

所谓先声夺人,就是要开门见山、一语破的,告知受众最重要的信息,以引起受众的关注,产生新鲜感。所谓新鲜感,一指内容新,二指形式新,三指表达新。内容新,如时间新、事实新、角度新、内涵新、理念新等;形式新,如结构新、词语新、句法新等;表达新,既有采编新闻的政策理论水平和文字功底为基础,也有将事实叙述转化为有声语言和副语言的播音创作能力为依托,是播音创作意图的实现。报道语体的表达,所谓"感而不入""停少连多",都是为了让受众更迅速地了解事实真相。

(2)逻辑分明,主次得当

只有处理好报道言语结构的层次、段落、停连、重音,才能使受众的思维、感受快而不乱、慢而不断,在传受双方之间产生共鸣。

消息导语中的关键词往往就是播音员表达的重点,以重音的形式出现。如有关鲸鱼报道的导语揭示:鲸鱼被救回归大海后仍不幸死去再被埋葬。报道主体将回答:鱼体多大、何时发现、人们做了哪些救助、死因为何、葬在何处。把握住事实发展的逻辑,才可能完整地表达新闻要素,实现报道的传播目的。

(3)不拖不甩,分寸有度

"不拖不甩",是指不过分拉长字调、拉开语调的升降幅度。业界历来对新闻播音有"干净利落脆"的要求,不拖腔、不甩调,将注意力集中于新闻事实的有效传递。

"分寸有度",是指不过分流露个人的情感,宣泄个人的情绪。这是由新闻事实报道的客观性和大众媒体传播的广泛性决定的。坚持分寸有度,在传播具体新闻事实时,就必须联系时代背景、世界趋势、法律政策、国情民情,做到大局在握、轻重有别、有分析、不偏激,真正发挥大众媒体的舆论导向作用。

总而言之,真实准确、先声夺人,是从宏观战略上抓住报道语体的精神主旨,使新闻报道逻辑分明、主次得当;不拖不甩、分寸有度,是从微观战术上把握报道语体的言语技巧。

二、报道语体的导语与表达

新闻报道的基本要求是:针对社会新近发生的事实,进行有选择、有重点、有层次、最快捷的传播。因此,报道语体的根本功能是:第一时间传递信息,其他功能如对信息的组织、沟通和导向功能等,都是在信息传递中实现的。基于这一根本功能,报道语体以倒金字塔结构为主。

所谓倒金字塔结构,就是前重后轻,先通过导语简明扼要地点明新闻事实,再根据事实的重要程度依次补充说明。

我们先来看看这种结构下导语是如何发挥它的"点睛"作用的。

> 新华社洛杉矶8月29日电:中国在奥运会历史上"零的记录"的局面在今天11点10分(北京时间30日凌晨20分)被中国射击选手徐海峰突破。徐海峰以560环的成绩获得男子自选手枪冠军,夺得了奥运会的第一块金牌。

这是一条1984年8月29日在美国洛杉矶举行的第23届奥运会上中国射击选手许海峰夺冠的消息。报道开门见山,直接叙述最重要的事实信息:中国这个曾被称为"东亚病夫"的国家,在国际奥运会上突破了射击项目"零的记录",反映了中国政府重视全民健身、重视体育运动带来的成效。

> 据新华社海口2月7日电:一条巨鲸在海南省琼山市演海镇北港村海滩搁浅,生命处于危险之中。

消息的主体部分描述了鲸鱼搁浅和人们对鲸鱼的救助情况,使受众对后续报道产生了期待心理。导语中"搁浅""生命处于危险之中"的点睛之语,对激发人们保护野生动物、关心生态环境的责任意识很有警醒作用。

"站住，不要跑！"随着一声急促喊声，另一名男子拨开人群夺路而逃，一名红衣男子则紧追不舍。穿过几条小巷，红衣男子果断出手，一个猛扑，将前面的男子摁倒在地，并立即报警。围观百名群众无不拍手叫好。

播报导语的第一句"站住，不要跑！"既体现语气的坚定、果敢、有力，又与后面的叙述语气相协调。

三、报道语体的主体部分与表达

报道语体导语的作用在于简明扼要地点明新闻事实，主体的作用就在于阐释、说明、补充、展开导语。播报新闻时，主体部分的开头，在气息处理上一般有较明显的转换。导语的播报气息相对紧张些，主体部分往往就相对松弛些。关键在处理好主体内部的层次关系和主次对比，切忌处处着力。

  本报讯：房山区中医医院即将赴俄罗斯开设传统中医医疗中心。
  今年9月9号房山区中医医院与俄罗斯联邦斯维尔德洛夫斯克州"新星"有限公司，签订了在扎列奇内镇第32医院开设传统中医医疗中心的意向书。11月，房山区中医医院院长韩臣子一行5人实地考察了对方的合作诚意、条件及医疗状态。俄方通过当场治病及医疗水平的探底，十分敬佩中医疗法，对合作表示了极大的兴趣和诚意。俄方医院距州府15公里，服务范围60万人，地区多发病为哮喘、气管炎、风湿、血栓、肛肠，正是"中医对症"的长处。中医医疗中心将开设针灸、药浴、火罐、梅花针、正骨、新医疗法等医疗业务，同时进行咨询、教学等项活动。①

这则消息导语为预告式。主体部分分三个层次，说明房山区中医医院赴俄开设医疗中心的背景和目的。第一、二句是承接递进关系，说明在俄开设医疗中心早有意向；第二、三句是转折对比关系，说明中俄双方都有合作诚意。以上为第一、二层次，是主体部分之因。第四、五句是条件、因果关系，说明将要开设的中医业务内容及其缘由。播报时，应明确主体部分的层次和主次关系，从而做到张弛

---

① 陈雅丽：《实用播音教程（第3册）——广播播音与主持》，中国传媒大学出版社2002年版，第16页。

有序。第四、五句为第三层次,是主体部分之果,也是主体部分的重点。

> 中国国际广播电台消息:伊拉克军方15号宣布,美战斗机当天对摩苏尔北部底格里斯河萨达姆高坝地区进行了轰炸,造成3名伊拉克平民受伤,一座清真寺被毁。
>
> 发言人说,美英战斗机当天入侵了都胡克、埃拉比尔、尼尼维和南部的巴士拉、米萨恩、齐卡尔、美萨那等省领空,并轰炸了一些民用设施。伊拉克防空部队进行了还击,迫使敌机逃窜。
>
> 自去年12月"沙漠之狐"军事行动以来,美英战斗机入侵伊拉克领空已达11375架次,对伊军事和民用设施的轰炸给伊拉克人民生命和财产造成了巨大损失。①

这则消息的主体部分对结果式导语展开背景式和概括式的说明。第二段说明伊拉克平民受伤、清真寺被毁是在美英战斗机入侵伊拉克领空、轰炸民用设施过程中造成的结果,进一步说明伊拉克空军当天作出了还击,否则损失还会更大。第三段概括报告"沙漠之狐"军事行动美英战斗机入侵架次,隐含说明伊拉克一个时期来所受到的侵害。

播报时,应分清层次、抓出主线、理顺关系,掌握这则新闻"结果呈现—具体说明—事件回顾"的叙事结构。

> 人民网贵阳3月20日电 3月19日,"让爱滋润大地"——2010贵州抗旱救灾公益晚会举行,动员全社会力量投入抗旱救灾,支援灾区,共度时艰。晚会现场和场外共筹得善款2705万元,这笔善款将用于为重灾区群众购买生活用水,为灾区打井挖渠、修建水窖、寻找水源,进行抗旱救灾的各项准备。
>
> 去年7月以来,贵州省出现夏秋冬连旱叠加春旱。截至今年3月18日,贵州受灾总人口达到1728万人,有557万人、267万头大牲畜饮水困难,农作物受灾面积84.8万公顷,其中重灾58.9万公顷,绝收17.6万公顷,夏收作物大幅度减产已成定局。②

---

① 陈雅丽:《实用播音教程(第3册)——广播播音与主持》,中国传媒大学出版社2002年版,第35页。
② 《2010贵州抗旱救灾公益晚会举行》,人民网,2010年3月21日。

这则消息的第一段是结果式导语,分为三个层次:先报告一场抗旱救灾公益晚会在贵州举行,接下去报告晚会筹得的善款数额,再报告善款的用途。第二段主体部分,主要通过实际受灾人数和受灾面积来介绍贵州夏秋冬连旱叠加春旱的情况,说明为什么要举行这场公益晚会。播报时,应把握这种倒叙式的文本结构。

在倒金字塔结构中,消息主体一般都围绕消息导语展开陈述。播报时,应抓准新闻事实的报道视角,理清事实叙述的逻辑层级,明确各层关系的主次对比,然后通过停连、重音、节奏、语气的变化处理,强调重点部分,使受众听清、理解新闻事实。

四、报道语体的背景部分与表达

联系背景,作为播音创作基础"备稿六步"的重要一步,要求播音主持创作主体在准备新闻报道时,注意联系党的路线方针政策,联系社会实际情况,以便明确针对性,落实好时效性和时机性。所谓报道语体的背景,指"完全理解一篇报道所需的事实信息。它从基本的信息,如新闻事件所涉及人物的姓名、年龄、职业和住址等,一直到与此前内容相关的各种信息"[①]。

根据这个定义,上面讲过的消息主体,有些内容也能归于背景的表述,如前述对房山区中医医院赴俄开设中医医疗中心的背景介绍。为了加深理解,这里再举几个实例:

> 5月9号,来自全国的一批遗传和生理学家,在南京农业大学观看了利用籼稻原生质体培育出来的30株再生绿色植株,他们称赞说,我国禾谷类生物工程研究又获新的突破。

这是直叙加转述式导语。在利用籼稻原生质体培育出再生绿色植株,来说明我国禾谷类生物工程研究获新突破后,这则消息专门在第二段设置了背景介绍:

> 籼稻种植在我国和世界都占有很大面积,利用细胞遗传工程来改

---

① 〔美〕沃尔特·福克斯:《新闻写作——报刊记者指南》,李彬译,新华出版社1999年版,第151~152页。

良籼稻的品质,是各国多年来进行研究的重要课题。但由于籼稻原生质体的培育比较困难,在这之前都没有获得突破性的进展。①

上例中,第一句阐明了此课题研究的意义,第二句特别指明籼稻原生质体培育的难度。在播报导语"30株再生绿色植株"时,应放慢语速,以引起受众对这条消息的关注。

人民网北京3月20日电 中国首列出口印度地铁列车今天在中国南车浦镇公司下线,这一具有自主知识产权的地铁产品将运用于印度最大城市孟买。这是我国轨道交通装备在印度市场的零突破,也是我国A型地铁列车高端产品首次出口海外,标志着我国轨道交通装备国际竞争力的提升。

阳光下,地铁列车像即将出嫁的新娘,显得格外靓丽:绚丽的装饰效果,美丽的蝴蝶贴膜,平滑细腻的不锈钢车体,带着浓郁的印度地域色彩。据悉,孟买首列宽体大运量地铁列车将于3月23日从上海装船,抵达孟买,将进行一系列运行试验,之后将投入商业运营。

2008年5月,中国南车旗下的南京浦镇车辆有限公司在印度孟买地铁车辆国际投标中,从与国际大公司同台竞争中脱颖而出,一举夺得孟买18列108辆宽体大运量城轨车辆订单。22个月来,中国南车浦镇公司以精益理念为指导,在自主研发平台开展了全方位技术攻关,根据孟买地铁运量大、运行环境复杂、技术要求高等特点,迅速攻克设计和制造中的难题,特别是在25000V交—直—交传动技术,超宽、高强度、轻量化不锈钢车体研制,隔音降噪技术和转向架研发等四方面取得重大突破。(背景一)

孟买一号线地铁车辆除具有国内A型地铁列车的先进性能外,还具有许多自身独有的特征。该地铁列车在国内首次用25000V交—直—交传动技术,车体比国内A型地铁列车宽200mm,车体压缩、拉伸强度比国内不锈钢车体高50%;每辆车额定载客量390人,比国内A型车多72人;列车轴重达到17吨,编组方式为两动两拖,可全自动

---

① 陈雅丽:《实用播音教程(第3册)——广播播音与主持》,中国传媒大学出版社2002年版,第5页。

驾驶。(背景二)

　　由于孟买是海滨城市,全年高温、多雨、多尘,且线路弯道多、转弯半径小,车站平均间距只有980m。该项目地铁列车在设计中不仅充分体现人性化要求,采用色彩明快的内外部设计,还充分考虑到运行环境、降噪防尘和超短距离的快速启动、制动要求。最高运行温度达到55℃,车内噪音66 dB,比国内A型车低3 dB,运行湿度达到100%,车辆最小曲线半径为80m,最高运行速度可达到80km/h,能完全满足孟买复杂多变的地域气候和环境变化要求。(背景三)

　　中国南车是我国最大的轨道交通装备企业,旗下浦镇公司是我国城轨地铁和城际列车的重要研制基地。公司产品已获得上海、南京、杭州、苏州、广州、东莞、深圳等多个城轨城际项目订单,并在商业运营中积累了丰富的成功经验。通过集成核心技术和制造技术的自主研发,配套设备的多元引进,南车浦镇公司在国内同行中,探索出了具有国际行业竞争优势的自主创新之路,为走出国门奠定了坚实的基础。(背景四)[①]

　　这则消息在述评式导语结束后,主体部分从消息第二段开始。第二段主要是对地铁列车的描述,第三至六段均为出口印度地铁列车的背景介绍,从投标夺得订单到研发攻克难题,从孟买的地理、气候环境到列车的独特性能,又特别介绍了中国南车旗下铺镇公司的独特优势,使受众对这一消息的现实意义有了较为全面的认识。

　　通过以上实例,我们可以体会到联系背景对理解内容所具有的实际意义。在大部分新闻报道中,背景资料较少,需要播音员备稿时认真查找。

五、报道语体的结尾部分与表达

1. 引用式

俄新社哈尔滨10月24日电　俄罗斯、印度和中国外长今天在哈尔滨举行会晤。这是他们第三次进行该规格的三方会谈,而且是脱离于任

[①] 《中国首列出口印度地铁列车今天下线》,人民网,2010年3月20日。

何国际会议之外的。

　　据俄罗斯外交部透露，俄罗斯外长拉夫罗夫、印度外长慕克吉和中国外长杨洁篪将讨论"内容广泛的、现实的国际和地区问题"……三国外长的首次类似会议是2005年在符拉迪沃斯托克举行的，第二次于今年2月在新德里召开。2006年，三国国家元首在圣彼得堡八国集团峰会期间举行了共同会晤。（背景）

　　俄外交部认为，俄罗斯、印度和中国三方会晤已成为重大的国际事件，极具影响力的《印度教徒报》载文指出，哈尔滨会议将讨论三国在运输、基础设施、卫生、生物、信息和高科技领域扩大合作的问题。

　　印度希望在三方会谈中讨论联合国改革的问题……三方会谈能够巩固多极化理念，推动三国经济的发展。与此同时，正如中国外交部发言人在北京所说，三国合作不针对任何第三方。[①]

报道语体结构中，结尾可以是一段话，也可以是一句话。有的短消息简明扼要，或无导语，或无结尾。尤其是倒金字塔结构，重要内容前置，越往后越不重要。这里只讲一般可能出现的结尾，特别是时序式和并列式消息结构的结尾。

我们看以上这则消息的结尾：

　　三方会谈能够巩固多极化理念，推动三国经济的发展。与此同时，正如中国外交部发言人在北京所说，三国合作不针对任何第三方。

这则俄、印、中三方外长在哈尔滨会晤的消息，只在述评式导语中点明它的规格性质，通过引用三国外长或权威性刊物的报道来点明会议的内容、意义。结尾点明三方会谈的目的。

2. 总结式

我们再看"利用籼稻原生质体培养再生绿色植株"这则消息的结尾：

　　籼稻原生质体的培育成功，不仅加快了利用生物工程改良籼稻的实用进程，而且对其他禾谷类植物原生质体的培育技术的建立也有指

[①] 《参考消息》2007年10月25日。

导意义。

用"不仅加快了……进程,而且对其他……也有指导意义",肯定了这一技术发明的意义。这样的结尾,我们称之为总结式或小结式。

3. 呼吁式与展望式

请看下面两例:

> 谷贱伤农。一些农副产品价格的持续走低,势必会伤害农民的积极性,为此,制定一系列保护措施是十分必要的。

> 据悉,这种状况已经引起了有关部门的高度重视,解决问题的有关法律即将出台。

还有点睛式、提示式、解悬念式、提问式、评论式等,这里不再一一举例。

第三节　政论语体的创作特征

所谓政论是指针对党和国家的方针政策、国计民生、时事政治、社会热点等问题发表评论。政论语体是指以批评、议论为主的言语体式。传播真理、驳斥谬误成为政论语体的根本任务。就论述方法而言,可分为立论和驳论;就论述作用而言,又有提示性和阐述性等的区别。

一、政论语体的言语特点

政论语体依据提出问题、分析问题、解决问题"三步骤",以引论、正论、结论为其言语结构特征。

政论语体的言语特点如下。

1. 政治经济术语的时代性,专门术语的政论性

政治是经济的集中体现,因此,政治经济术语具有一定的时代特征。此外,政论语体涉及社会各个领域,各个领域有着自己的专门术语,这些专门术语运用于政论语体,也就必然带上一定的政论色彩。

如十八大以后发表的一些政论语体,涉及的政治经济术语就有:客观理性、求真务实、依法治国、公平正义、改革攻坚、汇集众智、凝聚人心、增强合力、尽心履职、法治思维、法治方式、利益表达机制、治理体系、治理能力、"零容忍"、"严治标"、廉政风暴、打虎灭蝇、防治"裸官"、开门反腐、维稳保八、团结奋进、改善民生、科学发展、畅通民意、表达诉求、国际金融危机、经济发展方式等;行业专门术语有:炒房、买卖、合同、税收、信贷、捂盘惜售、公积金管理、保障性住房,等等。

2. 论证周密、多样,推理合理、有力

所谓论证周密、多样,是指围绕论题可以采用多种论证方式,例如归纳论证、演绎论证、正反对比论证、事例论证、引用论证、比喻论证等。而推理合理、有力,是指紧扣论题概念明确,推理具有逻辑性、层次性。

我们来看一下《世界媒体峰会宣言》:

> 我们以"合作、应对、共赢、发展"为主题,围绕八项议题进行了广泛而深入的交流,分析了世界传媒业的现状和发展趋势,着重探讨了国际金融危机、迅速变化的受众需求和不断涌现的高新科技背景下,传媒机构面临的一系列重大问题。我们相信本次峰会深化了认识,扩大了共识,加强了合作,取得了积极成果。(概述峰会主题和分析讨论的主要问题,做出总结性评论,层递、对偶、排比辞格,以下分述)
>
> 我们关注,当今世界正经历着复杂而深刻的变革,经济全球化、全球信息化、传播技术新型化以及世界文化多样性与共通共融,为世界传媒业的发展提供了广阔前景,也为媒体报道世界事件和全球问题构建了重要舞台。我们希望,世界各地媒体向全世界传播真实、客观、公正、公平的新闻信息,促进政府和公共机构的透明度和公信力,促进世界不同国家和地区人民间的相互理解和交流。(分析世界媒体面临的社会政治经济背景,表明媒体今后的传播意向和目的,排比辞格)
>
> 我们密切关注国际金融危机给全球经济,特别是给世界传媒业造成的严重冲击。我们还就媒体应对危机、创新发展的策略和经验交换了意见。
>
> 我们认为,数字化、网络化时代,世界传媒业的环境与格局正在发

生着深刻变化。挑战与机遇并存,机遇大于挑战。积极适应时代发展潮流,充分应用高新技术成果,加强与用户的互动,鼓励受众的参与,将有助于推动世界传媒业变革和进步。(先述后评,分析世界传媒业受到的经济技术发展变化的冲击,对传媒发展方向提出原则性意见,显示了峰会发起国现阶段相通的政治意识与理念)

我们希望,在世界传媒业发展进程中扮演着重要角色的各种形态媒体,相互学习,相互借鉴,功能互补,不断创新,共同发展。(对偶辞格)

我们相信,通过世界媒体峰会搭建的有效平台,各媒体之间加强沟通与交流,开展信息交流、人员交流、技术交流和经验交流,增进相互了解,分享机遇与成果。

我们确信,本次峰会的举行将对世界传媒业产生广泛、积极和深远的影响,推动世界各地媒体共同应对挑战、增进彼此合作、实现共赢发展。(提出希望,明确认识,作出展望,对偶、排比辞格)

本次峰会由新华通讯社、新闻集团、美联社、路透社、俄塔社、共同社、英国广播公司、时代华纳特纳广播集团和谷歌共同倡议发起,新华通讯社承办。(交代峰会发起者)

播读这篇宣言时,要注意到这种内在逻辑,把握好节奏上的抑扬顿挫,显示出应有的气势和力度。

3. 态度坚定、明朗,重音坚实、肯定

政论语体的性质、任务、语境和表达方式,要求有声语言的表达一定要具有内在逻辑的支撑。首先要态度明朗。论点立得住的重要条件,就是有大量的、经典的事实论据和理论论据,因此,态度必须明朗。

重音的坚实与肯定,表明态度的坚定、明朗,也说明评论思维的缜密性。

二、政论语体的表达

在政论语体中区分出论政类和评论类,有利于把握语体的权威程度和政策分寸。限于篇幅,我们在此不作详细介绍。以下所举实例,或许不那么典型,但愿能起举一反三的作用。

如在房价居高不下成为社会热点的时候,《中国证券报》记者的一席评论给人们以多维思考:

到底谁该为房价"不听话"负责?在大家为这个问题吵嚷数年后,炮口似乎对向了炒房团、开发商、主管部委和地方政府。但请仔细琢磨,在现行的框架下,理论上并没有人需要为房价脱缰负责。而当没有人需要为之负责却都从中获益的时候,房价还有什么理由不涨?(提出论点:房价脱缰上涨是因无人真正负责,而相关者却都能从中获益)先来看人人喊打的炒房团。一次巧合,恰与温州某地方媒体地产版负责人同桌吃饭,席间谈及炒房风,这位前辈直言,与其他媒体众口一词讨伐炒房不同,温州的媒体从来不认为炒房是错的:有买有卖,合同在手,税不少收,何罪之有?(论据一:炒房团有买卖合同,不违法,地方政府不少收税)开发商也喊冤。早在2006年,一位京城资深的开发商副总就大为感慨,出门都不敢说自己是搞房地产的,开发商的社会形象糟糕至此可见一斑。多年来,开发商确实爱搞小动作——捂盘囤地、改规划、建豆腐渣。但说起高房价,"也是被逼的"。今年两会上,全国政协委员、广州富力集团老总张力就表示,以前土地成本只占售楼进账的20%,现在占到了60%~70%。现在政府卖地利润高达200%,而开发商的利润只有10%。(论据二:开发商捂盘囤地是不对,但售楼利润远不及地方政府的卖地利润又该咋说?)不少人觉得住建部作为主管部门应该负责。确实,住建部的官方网站上明确表述"承担规范房地产市场秩序、监督管理房地产市场的责任"。但该部副部长郭允冲日前在政协分组讨论会上叫苦不迭,直陈住建部在调控房价方面几乎无招可用:"土地归国土部门,税收在税务部门,金融在银行部门"。言下之意,没有实权如何负实责?如此形成了怪逻辑,名义上的房地产主管部门却恰恰没有调控的抓手。住建部能够做的,主要是公积金管理,制定保障房计划(但也缺乏资金保障能力)以及监管房屋面积、容积率等。但众所周知,对于资金为王、土地为王的房地产行业来说,信贷等金融手段和土地市场调控才是市场最为关注、杀伤力最大的手段,住建部在监管房地产行业时身份确实有些尴尬。(论据三:住建部门虽有控制房价的职责,却无实际调控的权力)地方政府对于房地产更是态度暧昧，土地财政收入、纳税、就业、市政形象工程，条条都与房地产挂钩，更与官员晋级考核挂钩。至于房价的稳定从来都未曾位列地方官员工作的重点。向 GDP 负责的地方官员又怎么会为高房价负责呢？（论据四：地方政府只向与晋级考核挂钩的 GDP 负责）问题就出在这里。

梳理 2005 年来房地产调控的关键词，年年都强调稳定，甚至曾经用过"遏制"这样的词语表述抑制房价的决心，但房价"越调越高"。中央政府指令未能达成，该问责谁？与发生安全事故有主管领导引咎辞职、地区经济发展缓慢地方官难以升迁相比，我们似乎从来没听说过有官员因为地方房地产调控"失职"而受到影响。哪怕在既定政策执行过程中，有关部门放任不作为也未见受到惩处。法无威不严。诚如住建部部长姜伟新所言，房价关系稳定。在房价问题引起越来越多民众的关注之时，即使不需要出台新政策，对既定政策法规也应认真切实执行。对无法完成上级既定的调控任务，对辖区内违规行为"睁眼瞎"的失职行为应出台规范，加以处罚。归根结底，得有人负起责来。（分析问题根由，提出解决问题的进路：以发生安全事故有主管领导引咎辞职作类比，认为控制房价也必须有人负责，严格处罚制度）幸运的是，在姜伟新部长前几日新闻发布会中，有一句被媒体忽视的信息，"目前中央已经给各个地方下达任务，地方政府有加快保障性住房建设的任务，有解决房价过高、上涨过快问题的责任"。

当解决房价过高、过快上涨与一个行政实体的责任切实结合在一起之时，这一矛盾或许才有破题的希望。尽管我们不知道这个责任将来如何负，短期内是否负得起来，是否会真正遏制房价非理性上涨。但是有人负责，我们就可以期待。（结论：有人负责就有破题希望）[①]

这篇评论的主题是：遏制房价"要有人负责"。在一开始的设问和简要分析后的反问，语势由扬而抑，又由抑而扬，这让人从思辨中产生悬念。以下通过一个个调查实例，叙述各利益攸关方的"苦衷"，语势层层递进，每一层中却呈现由抑至扬的态势，这能把理由或对比数字作为重音加以突出。但讲到地方政府官

[①] 蔡宗琦：《谁该为房价"不听话"负责》，《中国证券报》2010 年 3 月 11 日。

员业绩考核只对 GDP 负责,而条条都与房地产挂钩后,质问的语气让语势上扬,接着作出分析时,语势又趋平稳。特别是和发生安全问题的领导引咎辞职相联系,陈述无人负责的现状时,语势又呈递进式。最后一段两句话中,"实体的责任"和"有人负责"成为强调的重点,也是两句语势的高潮点。如此听上去,就能在波澜起伏中,显得头头是道了。

一位央视特约评论员曾经说过:"作为评论员,追踪的热点和自己的判断、观点,可能是不分现场和演播室的,都会基本一样。但从表达上来说……在现场,不能像是在演播室里那样从问题讨论到问题,还要能够与现场刚刚发生的事情、甚至是同时发生的事情巧妙地、很舒服地结合在一起……要寻找评论员在现场的感觉……捕捉到在演播室里发现不了的一些新闻细节……立刻判断这些细节跟我的观点之间是否有确实的内在联系,并立刻用语言表达出来。"这就涉及如何快速将内部语言转化为外部语言的问题,一是对所报道人物、事件选取话题、角度的预案准备,一是根据现场语境变化情况,由自己的新观察、新发现、新判断快速结合预案的共同点和差异点重新组合,产生新的角度或新的观点。

思考题:
1. 怎么能做到报道语体的表达"逻辑分明、主次得当、不拖不甩,分寸有度"?
2. 为什么政论语体表达要做到"态度坚定、明朗,重音坚实、肯定"?
3. 政论语体的言语特点是什么?试评论一个社会热点问题。

第九章
播音主持的"语体交融"与创作特征

内容提要：随着移动互联网时代的到来，播音主持呈现出更多的语体交融现象，播音主持创作主体既要学习掌握、融会贯通已有的语体模式，又要随着不断变化的主客观世界，不为模式所囿，在满足社会实践和媒体实践的各种需求中寻求突破。

在介绍了播音主持的语体分类及创作特征后，有必要对语体交融作一说明和介绍，因为这对于广播电视网络媒体的实践有一定的现实指导意义。在当今日益激烈的媒体竞争中，除了内容题材的创意升级外，还有很重要的一点，就在于表达样式上语体形态的交融。

所谓语体交融，就是指播音主持创作主体根据题材内容、传播工具的特点和接受主体的内在需求，在表达样式上作出以一种语体为主，同时吸纳、借鉴、混合使用其他语体的语言现象。

应当指出，由于这种现象处于不断变动之中，它所建构的语言形态，从语体构成的基本要素即语境、语言手段、表达方式等方面来考量，还不能构成一种独立语体。因此，即使在一段时间内相当流行，我们权且还是称它为语体交融更合适。

第一节 融合报道、文艺、评论等各类语体特点的"通讯"

通讯与消息、评论并称为播音"三大件"，在表达上一直作为训练的重点内容。近年来,由于意识形态的变动、生活节奏的加快、接收工具的改变、媒体之间的竞争,报纸、广播的长篇通讯更多以专题或深度报道的形式出现,电视以调查为名的节目形态出现得更多一些。而从语体角度来分析,通讯原本的基本要素并未消失。它虽然没有报道语体的时效性那么强,没有文艺语体的想象空间那么大,没有政论语体的逻辑思维那么严,却吸纳了这些语体的各自优点。应当说,新闻性还是它的根本属性,它必须忠实于事物的本来面目,对人物或事件的描述不允许被夸大或缩小。然而,通讯要求的生动形象性,使它不能不在人物与事件的重要情节和细节上作出优于报道语体的努力。播音主持创作主体的态度情感要在表现通讯人物、事件的过程中,融入有声语言和副语言中。因此,相对于报道语体,通讯除了叙述、描写、说明外,还需要表达是非态度、抒发内心情感。具体来说,通讯在词语运用上,或爱或恨、或褒或贬、或喜爱或排斥的感情性、描绘性词语较多,而形容词、重叠词及成语的出现场合和频率,也是报道语体无法比拟的;在句式上,句型、句类变化多,长句、短句,整句、散句,单句、复句,主谓句、非主谓句往往交错使用,陈述句、疑问句、祈使句、感叹句也可变化运用;汉语辞格的运用也比较广泛。正因为如此,通讯的播音无论在感情变化上还是在语势起伏上,都比消息的播音幅度要大,感染力要强。

这里就人物和事件通讯各举两个实例来说明。

先看香港《文汇报》高级记者、北京新闻中心执行总编辑彭凯雷写的一篇人物通讯《陈竺、张春贤成港澳记者眼中最开放部长省委书记》[①](节选):

挑战张春贤:财产公示和他的家当

张春贤的故事,是个位置转变作风不改的老故事。五年前,时任交通部长的张春贤,被港澳记者评为最开放的部长,从中央到地方,白驹过隙,时空转移,能保有"最开放"的头衔,张春贤本色未变,最令我感慨!(感叹句)

他任职交通部长时,被港澳记者团团围住,港珠澳大桥、内地与香港交通合作等话题时为最热。当时有记者笑言,张春贤在内阁部长中率先行开放之风,也让他领教了香港记者的厉害。原来,他有一次讲话,被香港报纸曲解,登成相反的意思。不料,张春贤并未退却,继续

---

① 彭凯雷:《陈竺、张春贤成港澳记者眼中最开放部长省委书记》,人民网,2010年3月29日。

将"开放"进行到底,从而赢得记者的尊重和信任,香港记者主动为他解画。(面对敏感问题被曲解后的态度,细节一)

他可能是第一个将秘书手机,向港澳记者公开的部长。我也是那时,拿到了联络部长的通讯"直通车"。(行动细节)

他可能也是为数不多收到记者名片,按址向记者寄送贺卡的部长。(行动细节)让一众港澳记者,对交通话题充满善意,甚至在张春贤下至湖南时,对湖南也充满期待与报道热情。(以上两段,排比辞格)

记得他任职湖南之初实名注册上网向网友们拜年,我在当年"两会"乘湖南团开放之机向他发问:"作为执掌大省的领导,有着怎样的上网体验?对互联网等新兴媒体有着怎样的看法?"张春贤当时真诚地回应:"这个问题很重要!"并强调执政者应接受网络挑战,要善于利用网络收集民意民智作决策。(态度,语言细节)

而今年"两会",张春贤将"开放"之风带入全团。我派记者何凡参加湖南代表团开放日,他向我回忆当时的场景:结束之际,张春贤甚至还询问记者:"还有没有敏感问题?"所有举手提问的记者都一一得到了答复,"回应了每一个记者的知情诉求"。(态度,语言细节)而张春贤本人更在记者会结束后的围堵采访时,将"开放"这个理念推向了实质。

当下,官员财产公示问题成为海内外最瞩目的话题之一。他就此表示,目前,浏阳已经在做试点,如果可操作性强、效果好、群众满意,湖南将加速推进。而"您是否愿意带头公示财产呢?"这一更尖锐的问题应声而至。在现场的记者何凡向我回忆,张春贤的回答几乎没有停顿,他说:"试点之后,如果需要,我可以带头公布。"看到记者们的惊讶,在大家还没有回过味时,张春贤接着说:"其实我现在就可以公布,因为没有多少家当!"他面对直指其本人且敏感尖锐的问题时,没有查询记者的身份,更没有顾左右而言他,他以其一贯的坦诚、讲真话的作风,做了沉甸甸、实质性的回应,将"开放"这个词赋予最实在、最贴近民意的内涵。(敏感问题的回答与态度,现场情节与语言细节)

当我们在听录音、编辑、出版之余,一众港澳记者甚至私下有些为他担心。有位女记者对我说:"如果投票选举,不愿意公开的官员会投他一票吗?"她或不是杞人忧天,而我不担心也不感到意外。此次,温家宝总理工作报告就提到"特别是高级领导干部要坚决执行中央关于报告个人经济和财产的规定",在人民大会堂聆听报告的我,感受到了中央的决心。紧接着,3月8日也有记者向中央政治局委员、上海市委书记俞正声抛出一个犀利的提问:"俞书记,你本人申报财产了吗?"对此,俞正声郑重地说:"我的财产早就申报了,大家可去中纪委查一查。"财产申报与财产公示,最敏感的问题考验着地方大员的"家当",更考验着他们的为政风范。我印象中,胡锦涛总书记和温家宝总理从上任伊始多次引用的林则徐的名言"苟利国家生死以,岂因祸福避趋之",或能代表包括俞正声、张春贤在内的地方领导人的"开放"的信心和底气。(转述、陈述与议论)

围绕部长的开放程度,通讯用部长不忌讳香港记者曲解使记者主动"解画"、公开秘书手机、给记者寄贺卡和回答记者敏感问题等情节和言行夹叙夹议,既有人情味,又有根有据,不弄虚作假,无浮夸之词。在进行有声语言表达时,这一部分实际都应作为铺垫,接下来涉及官员财产公示问题才是介绍的重点和热点问题,在播音主持创作主体的内心框架中有无这个主次,直接影响有声语言表达的吸引力和感染力。

再看本通讯的另一节选:

陈竺赢掌声:决心已下 人民最大

陈竺的故事,在记者会内又在记者会外。在"两会"记者会上,陈竺的发言赢得在场中外记者的掌声,这样的掌声曾在温总理记者会上出现,两会罕见。那是他在回答医改时,讲至动情处,展示出了中国医政主官的"柔情铁腕",他向医务人员"喊话",更是立下内阁大员的誓言,他说,"我决心已下"!(医改态度,现场情节,语言细节,抒情式描述)

陈竺说:"我知道医务人员很苦,但希望你们要看到人民群众的期望。"他说:"希望医务界要看到重要的信号,政府已经走出了重要一步。"他还说:"我知道对大医院用药管理会引起利益格局的调整,但我决心已下,任何利益都必须服从人民群众的根本利益!"(语言细节)

有鼓掌的记者说,他有温家宝的风格,温和,又有着坚定不移的主心骨。我想,这掌声是给部长、给总理、给所有内阁成员的开放之风,更是对他们将解决民众最迫切需求作为施政重点之举,最热烈的赞赏。(议论)

犹记得,2006年,温家宝总理任期过半。我的同事、香港《文汇报》记者韩笑突袭温总理,在全球直播的记者会上,站起来直接向温总理发问:"……回顾过去这1000多天的施政历程,您觉得——什么事情是令您最痛心的?"温总理的回答掷地有声:"我觉得,最痛心的问题是在这三年的工作中,还没能够把人民最关心的医疗、上学、住房、安全等问题,解决得更好。"总理坦率真诚的回答赢得全场雷鸣般的掌声。这个问答成为整场记者会的新闻眼。

时隔四年,温总理掷地有声的痛心回答,在中国卫生部长这里已然化作具体方案的落地,执行力量的本质出击。(讲故事,事实对比)我以为,温总理斩钉截铁的回应,陈竺真诚动情的"决心已下",那是不设防、不设限的情景下,两届以来政府工作的新的集中彰显,是面对亿万民众时赤子之声的流露。(议论)

港澳记者更感慨的是,值两会三分之一时间过去,当陈竺迎面走来时,大家的问题"锦囊"已空空如也,该问的,不该问的,全已倾囊而尽,陈竺笑着问我们:"还有没有回答的问题吗"?(现场情节,语言细节)当我再次遇到陈竺时,正如负责卫生领域报道的同事刘凝哲以上讲述的生动场景,她说:陈竺实在是愿意回答任何提问,而且不设防,没有架子。(现场情节,转述、议论)

这让我体会到,他真诚支持媒体监督,更期待着媒体力量能参与到推动民生的进程中来。(议论)在他的第二次发布会结束之际,香港记者问到了中国卫生投入费用低的现状,发布会已然超时,陈竺为了更好地回答问题,主动说:"如果允许我再说两分钟的话……"最后,他真诚地求援:"在民生方面,特别是医疗方面,为什么(地方政府)就这么困难呢?我希望新闻界的同志多一点支持!"(态度、感情的描写,语言细节)

从这一节选,我们可看出作者更是将陈述、感叹、描述、转述、抒情、议论熔于一炉,对部长的开放与务实精神的赞叹溢于言表。同样是用事实说话,将部长真情实感的细节披露于媒体,给人的印象和感受就更为真切。有声语言在转述主要人物语言的过程中,实际贯穿着播音主持创作主体的内心态度。

我们再看一篇事件通讯:

同心抗大旱、协力保民生——广西干部群众抗击旱灾纪实[①]

从2009年8月至今,广西壮族自治区遭遇了历史上罕见的大旱。在旱灾面前,广西广大干部群众同心抗大旱、协力保民生,表现出了人定胜天的英雄气概。(概括性叙述)

重灾面前以人为本

来自广西壮族自治区水利厅的消息,2009年8月以来,广西旱情持续发展,百色、河池、崇左、来宾等市大部分地区雨量偏少9—10成。今年3月以来,江河来水量严重不足,水库有效蓄水量只有有效库容的30%。到目前为止,广西有68个县、693个乡镇的18576个村屯受灾,234万人、119万头大牲畜饮水困难。需要送水才能解决生活饮水的人数已经增加到32.7万人,农作物受灾面积达1164.8万亩。(灾情概述)

忻城县位于广西来宾市。目前,已有9.7万人出现饮水困难,农作物受旱更为严重,春荒已难以避免。(灾情分述一)在忻城县红渡镇三合村古铁屯,有一口名为"波定"的水井,供应周边5个自然屯864名群众生活用水。25日下午,有3只老鼠到井中喝水被淹死,村民把死鼠捞出后,仍然饮用这口井水。镇党委书记黄直石说:"这口井最多也只能再维持当地群众一个星期的饮用水"。(重要情节和语言细节)

截至3月24日18时,百色12个县区共有95.76万人发生饮水困难,占总人口的24.4%,大牲畜饮水困难56.74万头,干涸水库88座,农作物受旱面积238.97万亩,当地已经有1980辆送水车、6.47万台抗旱机具、114万人等大量人力物力投入到抗旱救灾保民生当中。(灾情分述二)

在3月22日至25日的降雨过程中,特旱的桂西北地区大部分地

[①] 龙松林、刘晓莉:《同心抗大旱 协力保民生——广西干部群众抗击旱灾纪实》,新华网,2010年3月28日。

区无雨。广西壮族自治区气象局预测,广西今年的雨季将进一步推迟。桂东北大部分地区雨季将出现在4月中旬到下旬,桂西北将出现在5月中旬。

因此,近期广西干旱仍将持续,干旱范围和影响仍在扩大,抗旱严峻形势将进一步加剧。(灾情持续预告)

25日晚8时,广西壮族自治区党委召开了一次非同寻常的扩大会议。这次会议,全区乡镇村级的基层领导干部悉数参加,群策群力,共同探讨如何应对连续不断的灾情。(灾情对策一)

广西壮族自治区党委书记郭声琨的话语掷地有声。他说,在抗击旱魔面前,我们要做到"五不漏":不漏一村,不漏一校,不漏一屯,不漏一户,不漏一人。(以书记之语表明一级党委的决心)

各级干部首当其冲

截至3月21日,广西东兰县出现的夏秋冬春四季连旱已经持续了230天,旱区春耕生产难以进行,缺粮之忧已初露端倪,持续的旱情使得东兰县保障人畜用水的难度进一步加大。东兰县14个乡镇的147个行政村1299个屯因旱造成8.16万人、5.39万头大牲畜饮水困难,其中2.09万人靠政府送水临时解决饮水困难。(灾情分述三)

鉴于旱情持续发展,广西此前已启动自然灾害救助二级应急响应。自治区民政厅派出的6个工作组目前在各受灾市(县)指导当地民政部门开展救灾工作,灾区各级民政部门也启动了相应等级的应急响应,全力抗旱。(灾情对策二)

今年以来,自治区民政厅已4次向灾区下拨救灾资金2.26亿元,对于孤寡、五保、病残、空巢老人、留守儿童等救助对象,采取"人盯人"的办法,确保他们有干净水喝、有饭吃。为了动员社会各界全力以赴投入抗旱工作,自治区民政厅3月22日向全社会公布了广西壮族自治区社会捐助接收工作站的账号。(灾情对策三)

为了尽快缓解重旱区群众的缺水困难,广西地矿部门已抽调66名水文地质和钻探专家奔赴各重旱区,积极帮助旱区群众寻找水源,并开展打井取水工作。目前已勘查确定了100个打井点。其中,广西第四地质队已在靖西县龙临镇巴意村打井成功,打出了4个含水层。

（灾情对策四）

面对迫在眉睫的难题，广西要求各级干部减少外出、减少会议、减少不必要的活动，集中精力抗旱救灾。目前，广西已采取自治区干部包市、市级干部包县、县级干部包乡、乡级干部包村的做法，强调以人为本保人饮，组织抗旱工作服务队深入基层，帮助群众找水源和送水到村屯。（灾情对策五）

既打速决战也打持久战

广西壮族自治区党委书记郭声琨要求，各地要立足于动员全社会力量打一场持久的抗旱之战。要更加关注特殊群体，确保人畜饮水安全；要不计成本、不惜代价，保证重灾区每天每人最少20公斤饮用水；坚持标本兼治，从长计议，改变旱区饮水用水难的问题；严防死守，防止重大火灾事故的发生；加强领导，确保抗旱救灾工作有序有力地进行，自治区成立抗旱救灾协调领导小组办公室，统一协调、指挥抗旱工作；加大宣传力度，正确引导舆论，安定人心，坚定信心。

郭声琨说："一切都要体现'快'字，用最快速度、最强有力手段，把资金和物资下达到旱区。以最快速度把水柜、水池、水塘、水坝、水库设施建好，在雨季时把水留住。"（用数字和党委、政府领导人的言语表明持续抗旱的决心和行动）

这篇通讯富有中国特色。在大灾面前，最能考验一级党委和政府的组织领导能力，最能体现中国共产党和中国人民政府以人为本，最大限度地维护好人民的切身利益的宗旨。同心抗大旱、协力保民生，显然是灾情面前党政领导的头等大事。灾情的发生与对策的落实成了这篇通讯的最大看点。灾情到哪儿，各级干部就出现在哪儿，抗灾措施就落实到哪儿。不仅注意克服当下的困难，全力打速决战，还注意标本兼治，坚持打持久战。让人深切体会到"人定胜天"这句看来只是表明意志、气概的豪言壮语的真实内涵。有声语言表达紧随内容的层层递进展开，播音主持创作主体的内心框架中，最重要的主题就是党和政府与人民心连着心，领导人的言语和抢险的实际行动与措施相呼应，语气的呈现要扎实而有力。

类似的紧随新闻事件作出延伸阐释的专题或深度报道，其基本的通讯写作要素并未有多大改变。通讯的题材类别除了人物、事件,还有介绍风貌、概括经验、围绕主题进行综合报道等。不论何种题材,抓住情节、细节做文章,以情感人,始终是通讯有声语言表达艺术所追求的目标。

第二节　融合报道语体与谈话语体特点的"说新闻"

"说新闻"最早是从凤凰卫的《凤凰早班车》开始的。由于是对一个时期以来播报模式的突破,曾引起轰动,被许多地方电视台争相仿效。那么"说新闻"模式的特点究竟是什么呢?

这里节选《凤凰早班车》的一期节目,进行具体分析①:

各位,早上好!欢迎乘坐《凤凰早班车》!

因为西方国家的强烈反对,俄罗斯对于车臣最后通牒的态度开始有所软化,俄罗斯军队里面一个高级将领表示,他们的最后通牒只是针对车臣叛军还有恐怖分子,并不是针对车臣百姓的。另外车臣副总统说俄罗斯的军队礼拜一在格罗兹尼上空曾经发射了一枚化学武器,造成37人死亡,还有200多人受伤。而英国报纸事后报道说这是一枚芥子毒气。俄罗斯军队里面的高级将领还表示,目前在格罗兹尼城内还有2000多名叛军困守格罗兹尼城。

另外,俄罗斯总统叶利钦和白俄罗斯总理卢卡申科礼拜三在莫斯科的克里姆林宫签署了两国建立联盟国家的条约,这期间也发生了一段很有意思的小插曲,叶利钦在发表讲话的时候突然忘记该讲什么了,需要自己的助手提醒他,看来叶利钦的身体状况还不是很好。

(配音、新闻事实画面均略)

《天天日报》报道

在礼拜二,美国揭发了美国有史以来最严重、最大规模的一次考试作弊案,纽约州的32个中小学的52个老师涉嫌和这个作弊案有

---

① 陈雅丽:《实用播音教程(第3册)——广播播音与主持》,中国传媒大学出版社2002年版,第73—75页。

关,他们教唆自己的学生在考试的时候作弊,为的是能够提高自己学校的声誉。有关教育当局也说,目前考试的难度比较大,所以给老师造成了很大的压力。美国教育当局是花了 17 个月的时间对纽约的 1100 个公立学校做了调查之后,查出有问题的 32 所学校的。

古巴儿童监护权变外交风波

另外,美国和古巴之间因为小男孩冈萨雷斯的监护权之战愈演愈烈,美国国务院已经拒绝了古巴总统卡斯特罗的要求,就是要求送回冈萨雷斯,而且表示小男孩的命运应该是以人道考虑为主。

(配音,新闻事实画面,略)

《成报》报道

一名苏格兰法官在礼拜三做出裁定,对两名洛克比空难的疑犯的审讯工作会压后到明年的 5 月份才进行。之所以把时间压后,是为了给辩方更多的准备时间,这两人被控犯了谋杀罪,他们涉嫌在泛美 103 班机上放置炸弹。所谓洛克比空难是指泛美 103 班机当年在苏格兰洛克比上空发生爆炸,时间是在 1988 年的 12 月 21 日,当时机上一共 270 人全部罹难。因为在苏格兰并没有死刑,所以这两个人即便最后罪名成立的话,最多只会被判终身监禁。

这期《新闻早班车》的特点如下。

(1)谈话状态

从一开始呼告"各位,早上好! 欢迎乘坐《凤凰早班车》",主持人就以一种班车乘务员的服务精神和状态,带领大家走进新闻世界,以让接受主体简明扼要地了解当天各大媒体发布的时事要闻为目的,经过主持人用朋友交谈式的亲切口吻和阐释性的语气,对背景和前因后果所做的一番介绍,使得接受主体对近日发生的新闻有所了解,形成了电视新闻报道的一种半文半白模式。

所谓半白,就是人们通常所说的"说"新闻,将新闻用日常谈话中所使用的词语和语气向接受主体进行报道。

半白有两个特点:

一是在内容选择上,注意从严肃中发掘轻松元素。

如头条在内容报道过程中放进去的小插曲:叶利钦发表讲话时忘词儿。这个小插曲跟俄白两国签署建立联盟国家条约这一新闻事实本身有着某种细节联系,条约签署的严肃性和条约签署仪式的生动性产生了戏剧性的对比,加强了这条消息的可听性。

二是在词语选用上,注意以"俗"带雅。

这次节目多用双字词、"的"字结构、介词结构和转折连词,使新闻的逻辑联系听上去更分明、清晰。如"……里面""另外""为了""在……的时候""从……开始""对于……""而""之所以把……是为了……",还有地方口语习惯用法,"压后到……"等。

(2)报道语体

所谓半文,指的是这种"说"的方式,并非简单等同于日常谈话,它还受到报道语体基本规范的制约。

这次节目,除了主持人串联衔接和阐释性语言外,涉及具体新闻要素的事实数据、相关术语等还是以简明、精练的书面语居多。如"最后通牒""困守""签署""涉嫌""教唆""愈演愈烈""拒绝""裁定""罹难""监禁"等。

我们再看一期《凤凰早班车》的节选,同样可以证明这种"说新闻"的报道模式[①]:

> 主播:创造了这次生命奇迹的就是300多名冒险下井去搜救的这些搜救队员。在9天的搜救过程当中,不管是希望多么的微乎其微,机会是多么的渺茫,他们从来都没有放弃过,终于等到了这个激动人心的一刻。发现了灯光的队员的名字,叫作郝喜庆。这个名字真的是非常吉利,因为听上去就很喜庆。他回忆说,当时他正坐在井下巷道的一个水管上面,突然间就发现在远处的水面上传来了灯光,然后他立刻就把这个消息报告给了指挥部。另外搜救队员也表示说,他们仍然会继续这种不辞劳苦的精神,尽力去搜救现在还困在井下的38名矿工。
>
> 再来看大公网的消息,这次首批获救的115名矿工现在正在医院里面进行救治。根据医院方面的消息就透露出来说,有一些获救的工人,在出井之后非常兴奋,想说话。但是需要预防有并发症的情况出

---

① 2010年4月6日播出。

现。他们说在井下度过的 8 天多简直不可思议,有的人在井下吃的是皮带,有的人吃的是纸,甚至还有的人吃的是煤块,很多人靠喝尿来解渴。不过因为要保护他们目前一些休息,所以不管是记者,还是民众去探访他们,现在都被医院来挡驾。

这次虽然说救援工作是创造了生命奇迹,但是根据煤矿生产的监管安全业一名人士透露说,目前中国内地矿难事故频发,并不能够每次都依靠救援队的努力。他说,奇迹并不能掩盖煤矿生产安全的问题,另外根据总结这些年发生煤矿矿难的主要原因有两个:第一个是设备比较陈旧,第二个就是过度生产。如果这两个问题不能够得到解决,矿难在今后还是会发生。例如说这次发生矿难的王家岭,就是因为他们在施工过程中有违规违章的行为,为了赶工期,赶进度,有 14 个掘进队在一起作业,而且出现了透水的征兆,也没有及时撤人。到底什么人要为这次事故负责任,目前还没有定论。

在这篇有关王家岭矿难的不足 700 字、以主播口头转述为主的报道里,可以很明显地看到加点词语的口语化特征,而"微乎其微""渺茫""违规违章""征兆"等词,又体现了新闻报道必须受一定的语言规范制约。

第三节 呈现谈话语体特点的"专题访谈"

出现谈话语体最多的节目恐怕就是专题访谈了,我们在谈话语体一节里有所涉及,这里再补充一个实例[①],以和上面的"说新闻"对比,分析专题节目是如何体现谈话语体特点的。

主持人: 某老师(指嘉宾二),你看谁来了?中国房地产业第一炮手(比喻)某某某老总来了。

嘉宾二: 众人爱、众人恨的对象。

主持人: 不过我看某总,你现在不光是个打炮的,还是个坐台的(比

---

① 凤凰卫视 2010 年 3 月 24 日《锵锵三人行·民众对房子的怨已是中国民间第一怨》。

喻)。对于媒体来说,今天他来做节目之前,给我发微博说,央视说要采访,录像一小时播了几分钟,最想说的不见了。某主持人说要跟两会代表委员对话,大家抢着说,他断了我的麦克。另一主持人说,他不让说,我让你一人说。某评论员说,你一人说,不如两人一起说。(衬托)我说,两个人不说三人说,所以今天到了《锵锵三人行》。今天跟我们三人行一下。(开场白,介绍来宾和节目)

主持人:而且呢,最近关于你的消息,听说囤积(移就)了4个亿的保证金,也跟人家抢(移就)地王去了?

嘉宾一:对,人家规定要交多少亿的保证金,我就得交多少亿的保证金。

主持人:抢的感受怎么样?

嘉宾一:我们打(移就)不过人家。

主持人:打不过谁?

嘉宾一:打不过这些大款(借代)和央企(缩略语)。

主持人:你们不也算国企(缩略语)吗?

嘉宾一:我们是国企,但是我们没有这个央字,地方国企,所以就比央企差了一截,矮了半头(对偶)。

嘉宾二:央企不是现在都要撤(移就)了吗?

嘉宾一:央企是少数说要撤了,它是把拿刺刀的、拿手榴弹的(比喻)都撤了,然后把带导弹的和带核武器的(比喻)都留(移就)下了。

主持人:这话说得精彩,所以人家潘石屹还调侃他,说就你拿那4个亿,还不够丢人呢,去跟人家争地王?(反问)

嘉宾一:那是保证金,那是必须出的,人家别人也得交这几个亿。

主持人:那就是个准入证(移就)?

嘉宾一:对,那和投标的钱没有关系。

嘉宾二:入场券(移就)。

主持人:人家网友有人说了,咱们这个宝宝(借代)刚说完公平正义,比太阳还要光辉(比喻),之后两会刚一开完,一天之内北京仨地王(借代)咣叽(象声词)出来了。

嘉宾一：对，这也是公平正义。

主持人：怎么叫公平正义？

嘉宾一：人家也是举牌(比喻)举(移就)出来的，要没有第二个人撑(移就)着，他也不会有第一人更高价。他也是互相举着，越举越高，所以也是公平的，你大家都看得见，你不能说不公平，你怎么能说不公平呢？他也透明(移就)啊。

主持人：你说这个，倒让我想起吴敬琏最近讲一句话，他就老批评这个什么央企、国企拿地。但是也应该予以理解，它(国企、央企)拿了那么多的天量(夸张)信贷，在商言商，你让它把这个资金往哪儿投最保证盈利呢？

嘉宾一：不光是天价的信贷，你比如说16家企业中，其中有3家是去年上市，一个是中铁，一个是中建，一个是中冶，每人上市，都拿了400多个亿，三家加起来，有1000多个亿，你不就是让它干房地产的吗？所以你才批准它上市。它拿了大把钱(比喻)不买地，它怎么做房地产？所以天生(比拟)就是中央告诉大家，这几个央企要进入房地产，要到市场上融资，拿了大把钱，要买地。

嘉宾二：所以举牌的那一瞬间，是公平的，但问题是大家背后那些导弹坦克怎么来的途径各不一样，你要讲不公平，可能那个地方就不公平。我这个土法做的手榴弹，他是人家批给他的导弹，我跟他打，打战场上是公平的，实际上，当然背后大家不公平(比喻)。

嘉宾一：换句话说，它是一个资源占有性(专业术语)是不是公平？也可能我的资本金(专业术语)，央企资本金是全国的财政税收或人民的钱集合到我这里来，地方的，可能就是地方的一部分资金集中到他那儿去了，民企要靠自己的资金集中到他那儿(对比)。

主持人：这是一个资源分配问题。

嘉宾一：同时还有一个银行信贷的资源分配问题，上市融资的资源分配问题，为什么批给他们去上市，不批给别人上市？这就是资源控制问题。多重资源控制,就决定它有一个更大的优势,我可能能打败你,我有导弹,我有航空母舰(比喻)。

主持人:所以只能感慨自己无能,争不过人家(自嘲,以囤积4个亿保证金作为引子而说到企业间的不公平竞争问题)。但是,这个客观的结果,是咱们看到地王周边。你知道有一个女的,几年前大概花九千多块钱在北京大望京附近买到房子,好家伙,地王一出来,把她乐得快晕过去了,你知道吗?(习惯用语)两万、三万一平米(对比),现在周围地价全上来了,你这个(口头用语),所以为什么说社科院有个调查,说现在民众对房子的怨,已经是中国民间第一怨,你又怎么讲?

嘉宾一:我不太认为是第一怨,就像你说的(习惯用语)女同志一样,她在高兴地价涨,也就是说,我们原来有85%的人拥有了私有住房产权(专业术语),这些人都在高兴,哎呀,这个房子又涨价了。

主持人:你说有85%的家庭有私有住房产权?但是我看到社科院的一个调查,说85%的家庭买不起房(对比)。

嘉宾一:它指的是工资,它不是说你现在有没有房子,这是两个不同的概念。我们85%的数据是人口普查的数据,也是建设部公布的数据。为什么?从产权的情况来看,我们原有的,约有52%是存量住房里的房改房,这个房改房的数量是巨大的。那么就是说(习惯用语)1998年以前,或者到2003年以前,最后一批房子才分完,这些分房子的人,都用的房改价买的房子。

嘉宾二:当初大概是两三万。

嘉宾一:高的也就五六万。(补充说明)

嘉宾二:就把公家分配的房子,当初我们是这么看的,这是国家把大家推入市场之前,给国家照顾的这些人一批(房子)。

嘉宾一:给你补偿。(确切补充)

嘉宾二:对,让你进入市场了,这就是以前你为国家贡献,就是这批,就带出这个房子了,就几万。

嘉宾一:所以我们看媒体上说,有些部长说,我现在的工资买不起房。

但是倒过来说,那边国家给了他一套房子,而且那套房子,可能值几百万,是多大的一套房子。很清楚的事,就是因为有分配,这个分配已经决定了这个比例占的是巨大的。

嘉宾二: 但是这两个85%其实都对,你(主持人)讲的85%,现在的人,他觉得我拿现在的工资去买房,85%都觉得买不上,因为房子涨了几百万。我算下来,我两辈子都得供那个房子了(数字化比喻)。他(嘉宾一)讲的85%,就是中国现在实际上,私人拥有房。我概念上不对了,我们拿的使用权,其实跟西方不一样,但是如果我们把这个使用权当作是私有财产的话,我们的私人拥有率是超过世界上大部分国家的。

嘉宾一: 超过世界所有(其他)国家。

嘉宾二: 所有国家,美国、欧洲一般是50%,香港50%,差不多买房的人。但是问题是为什么85%拥有房子的人,照样抱怨买不起房子?就是因为两个原因:第一,原来这些房子,相对来说,是比较差的、旧的,他们脑子里没觉得,尤其是他们的子女没觉得,这个是可以安身立命的房子。第二,中国的社会,是一个阶层、阶级的划分,不是靠具体的数字、物质财产,而是靠上下比较的。本来我这个处长分到的房子还可以,两房一厅,全家住住还可以。可是现在周围盖了这样的楼,他的同学,国企、私人的企业、外企,都赚得很好,因此他们马上觉得,本来自己是特权的,现在变成了弱势群体。

主持人: 我跟他聊,就比较头疼,你知道吗?(习惯用语)因为这就是典型的信息不对等,他满脑子都是这些数据。可是我知道的,民怨沸腾,民怨都变成民怒了,那是谁在怨呢?

嘉宾一: 你只能说网上和媒体上,显示是这种民怨。(限定范围)比如说这次有媒体说,两会期间,有50%的政协委员和代表们提案,都是说房价。但其中里头可能有30%是针对政府地价收的钱太高,而不是说房价太高,而是说地价太高,都叫房价,但是两个不同性质。(厘清概念)所以你说民怨从哪里来?我觉得大家看到的媒体、报纸,或者说网络上,更多的是没有买房子的人,或者80后这一代人在挑,挑出来的民怨。很多老年人,他觉得我这个房子,以前只用不到五六万就买了一套,如果把这套房子卖了,实际上我是有能力再买一套新房子的。可是你要按他的工资收入说,他是买不起的,也就是说,你要把存量资产算进去,不能仅仅算工资收入。

主持人:所以要不说,他都受到人身威胁,他说的话,谁都甀(cèi,俗语)他,但是,倒是很多行内人士,就说他讲大实话。你比如说(习惯用语)他这句话,我估计很多人就得骂他。他说,民怨沸腾就是一小撮,他说上网的人都是刚刚大学毕业的80后、90后,我一看,全是我们组里边这帮小年轻,这些操纵媒体的、有话语权的,现在基本上也都是刚刚出学校的学生。(反驳)

嘉宾一:这还不是我说的,这是两会代表在大会上说的,在两会上说的。(反证)

嘉宾二:我不太同意,我觉得那部分人声音最响。但至少还有两批人,对房子有极大的不满,一批就是从农村进来的,新的农民工,你刚才讲的85%的分房,他们完全没有得到,他们要在新的城市,他们所献身的城市要买房子,这个压力巨大,所以他们有不满。(反驳)

嘉宾一:我也承认。

嘉宾二:还有一批,你得考虑到,就是现在包括政协委员这么多的提案,就是前些年的干部、领导,他们分到房子,就是我刚才讲的,当时他们是社会上层,可是经过这十年的折腾以后,他们当初5万买来的房子,现在相对算比较差的了,而他们的社会地位又比较高,他们可以到人大去开会,他们也有强烈的不满,对社会这个剧烈的变化。(反驳)

嘉宾一:你说的那些从农村来的人,我就有一个疑问,我们在城里头买一套房,是租的国家的地,我要交70年的出让金,可是你在农村有一套房子。(反证)

嘉宾二:可是他现在在城市里工作。(反驳)

嘉宾一:我不管你在不在城市中,你算有房子的人,你不能说你是没房子的人。因为那个宅基地写着你的名字,所以这个制度倒推回来,是因为我们进城的这些农民,没有办法把家里的承包地和宅基地,变换成进城资金,变成房子。所以这是国家制度问题,这跟市场是没有关系的。(反证)如果允许变换,也许就没有这么多问题了。

主持人: 他即便是变换成了,他在北京能买得起房子吗?

嘉宾一: 那好,我们看看最近有一个社会说法,叫"逃离(比喻)上广深"。

主持人: 上广深?

嘉宾一: 不不,就是北京、上海、广州。我们算算,北京、上海、广州这三个城市里头,现在总人口占全国的多少?不到5%。那么是不是所有的人,都非要挤到5%的人才能拥有的城市里头去?那当然有毛病了。是不是所有人都能公平分配这个社会资源?不能。不能公平分配社会资源的结果,就一定是竞争。竞争的结果就是谁房价高,或谁买得起房子,你就来,买不起房子你就租(嘉宾一的核心观点)。这跟我们的教育资源和其他资源是一样的,是不是我们教育资源应该社会公平?你应该上学,我也应该有资格上学,但是谁上好的学校呢?要靠分高。分高怎么来的?贫穷的孩子,常常因为他没有那么多辅助性教育,没有钱,所以他拿不到最高分。而有钱的人,因为增加了辅助性教育,他可能拿了一个最高分,所以他进了清华,进了北大,进了好学校。

嘉宾二: 你的意思?

嘉宾一: 一个道理。

嘉宾二: 上海、北京、广州的人,天然就分高?

嘉宾一: 不是天然分高,天然他就分低。因为在我们的制度里头,在这个城市所在区域的,可能我考400分,我能进去,你在外地,对不起,你得考440分,或者450分才能进。

主持人: 门槛高。

嘉宾一: 内外这个差是不一样的,这是很清楚的。这就说明一个道理,就是公共资源，或者最优秀的资源，不是所有人都能平均共享的。表面看机会是公平的，但要通过竞争才能获取，它就形成这么一个差距。（从民间第一怨：房价飞涨，讲到两个85%的不同理解，从房地产资源讲到教育资源，嘉宾一实际想证明的是公共资源并不能平均享受）

嘉宾二：我同意你的说法，资源没法完全平均共享。但是现在大量的农村各地的人口涌入这三四个大城市，并不是只是向往大城市生活。这几个大城市急剧的发展，很大程度上就靠这些移动的劳动力（给农民工一个新说法），我们中国这些年的生命力，就靠这些移动的劳动力。你现在不能说，他们进大城市，贪图大城市的生活，不公平了，这样。

主持人：对，人家把北京的大楼盖起来，你把人家赶到二三线城市去。（站在农民工角度说）

嘉宾二：你乡下的地，没有带来，我不管你（以房子实际占有角度说）。

嘉宾一：恰恰存在这个问题，我们现在有些省市，是存在劳动输出，另外一些省市，存在劳动输入。可是你倒过来说说，劳动输出那个省市的房价是不是就低了？是不是剩下的人，为了选一个好房子，你也可以进入城市，你就选劳动输出省市的地方去生活，不是最好吗？因为它的房价低。凡是劳动力大量输出，工作你可以在这里，也可以不在这里。我们看看现在的民工潮回流（比喻），很典型的就是，他可以不在这里工作。如果你非要挤到5%里头去，那你就要有5%的本事。否则的话，你就要到60%、70%的地方去。（嘉宾一对目前房产资源状况的结论性解释）

主持人：某总，我给你看看，这5%的本事得多大。我们抄到一些资料，我们可以看看，房价现在排名第一，北京，东三环每平方米4.5万了，然后，北京，一个北京人买一套90平方米的西四环附近的，价格在3万平方米的新房，不吃不喝，要101年（数字化比喻）。

嘉宾一：你干吗非要买西三环的房子？

主持人：那买哪儿去？买石家庄的房子吗？

嘉宾一：不是，顺义、平谷、怀柔、密云，都有房子。

嘉宾二：可是他整天就在东三环（口误，西三环）上班呢？

嘉宾一：东（西）三环上班，你就来回跑吧，美国在纽约住的人，有几个是在纽约上班的？（国外对比例证）

主持人：人家有车啊。（反驳）

嘉宾一：车，从长岛到纽约，大概要两个多小时。大部分人住在新泽西，你可以坐船。对吧？用的是公共交通。（反证）真正利用私人交通，在纽约没有多少，因为纽约如果都用私人交通，是挤不动的。很清楚，华盛顿，有几个人住在华盛顿？连总统的戴维营（美国总统休养地）都得跑到马里兰去。（反证）

主持人：可是你拿纽约公共交通条件和人口数，你跟中国的比，能比吗？（反驳）

嘉宾一：现在北京也在做这个事情，所以通县通了地铁了，你跑通县去，可以啊，没有人说不行。（实例证明）为什么华盛顿的人可以住在马里兰，到马里兰要开汽车，要比我们去通县多两倍到三倍的时间，为什么可以呢？你也可以不挤在这个大城市里头，没有人非要你挤在这个大城市里头。（对比例证）

主持人：你能想象一个月挣2000块钱的，一个大学生，他开着车？（实例反驳）

嘉宾一：如果你只挣2000块钱，说明你不适合在这个城市，因为你的劳动生产力太低了。（反证）

主持人：那北京都成了土豪、恶霸住的地儿吗？（形象化比喻加方言，主持人的结论）

嘉宾一：你就换一个地儿。（缓叙，换角度证明）我们春节的时候，中央电视台和北京电视台分别有一个节目，回忆的是2009年人们的生活如何好。在这两个节目里头，都特别播出了我们的农民工，在北京打工买了房子，结了婚，从自行车、手推车，到三轮车、到摩托车、到汽车，13年的时间，有这么大一个变化。然后他们不但买了房子，而且结了婚，在北京成了家。北京台和中央台两个节目,都有这个案例。

主持人:你说民工英雄榜上的人物吧?

嘉宾一:不不不,就是个卖菜的。那就说明他的劳动力,虽然我只是从最低开始,但是我有一个发展的过程,13年的经历中,他从最低劳动力变成了可以开汽车去卖菜,这就是个发展过程。

嘉宾二:充分证明了这两个电视台,寻找范例寻找得好。

主持人:选模范选得好。

嘉宾一:如果你干了13年,还是拿2000块钱,说明你没本事。为什么你非要在这挤着,赖着?(又一次强调一个观点:挣钱少说明没本事,没本事只能买不起房,买不起房只能租房,租不起房只能离开北上广深)

主持人:这么说,让我们这个农民工兄弟、大学生,这些……

嘉宾一:我们现在施工的农民工兄弟,现在的工资已经很高很高了,如果仅有2000块钱,我连一个建筑工地的工人,我都雇不起,大工,已经到了一天120,怎么能是2000块钱收入呢?说明你太没本事了。小工,我们现在已经到80块钱左右,到90块钱了,三九还2700块钱呢,你才拿2000块钱,你凭什么要在北京混?

主持人:温家宝总理都说,中国现在这个社会收入严重不公平,对吗?

嘉宾一:不公平我承认,北京还不能没有低工资的人,要没有低工资的人,那个菜价就高了,我承认。

主持人:你还说,人家挣不到钱,是你没本事。

嘉宾一:但是人家不买房子,对吧?人家挣2000块钱,就不想在北京核心区买房子,你可以到边远地区去,你也可以租房子,你干吗非得买房子?

主持人:咱岔开一个话题,你觉不觉得……

嘉宾一:你说不过了,就岔开一个话题?

主持人:不是,我相信这个节目做完之后,千万人民会暴卒你,他们会代替我。我跟你说的是另一个,这个国家整体经济发展,也值得忧心吧?

现在就有人说了,这个地价,抬抬抬,抬到这么高,不光是老百姓买不起房子的问题,他们现在有人拿东京,当年日本(重复)做比较,就是当年日本的覆辙(核心词"覆辙"),就是什么呢?那个时候地价一直涨涨涨,相当于加州面积的日本(跟上文讲过的美国作比较,更生动形象),一度上个世纪80年代,这个地价的市值总额,就等于美国全国的地价市值总额。后来到了1998年,我也有数字,1998年,东京的地价市值总额,就等于整个美国的地价市值总额,你这么发展下去,你不崩盘吗?(主持人借证券市场用语来比喻对楼市前景的担忧,说出自己观点的核心词)

嘉宾一: 崩盘。

主持人: 对,这不值得忧心吗?

嘉宾一: 但是我们没有那么多,我们中国现在都加起来,还不如GDP,你操什么心?人家那时候已经是日本GDP的6倍了,你是吗?不是(嘉宾一言辞的硬气,说明他掌握、占有材料的丰富性,并有过一定程度的思考)。日本当时有一个特点,农民发了财,因为它的土地私有化了。所以地价抬高的时候,农民把土地卖给了政府和企业,亏的时候是企业和政府亏了,农民没亏,所以人民富了,这等于是国富向民富转移。中国反过来了,中国的地价高,是政府从农民手里把地低价收过来以后,高价卖给了市场。这是两回事啊,这完全是倒过来的,所以国富了,民穷了。你要把这个历史渊源先搞清楚,为什么会有这个变化过程。

主持人: 某老师(指嘉宾二),你觉得他刚才讲的是人话吗?

嘉宾二: 不不,他是讲实话,实话说出来都是好的。不过我的担心是这样,从1997年到现在,中国是创造了经济增长的奇迹,GDP增长了4倍。可是这期间,1997年到现在,中国一般城市里的房价,至少涨了十几倍(对比)。

嘉宾一: 你这个数字不对。

嘉宾二: 十几倍,你随便一个房子,1997年到今天,至少十几倍,那个时候,一百万的房子,现在1000多万。

嘉宾一：不对，你说的是核心城市，城市核心区，然后个别的楼盘。你要按全国统一的数字。

嘉宾二：房改的时候的房价到现在，至少10倍。

嘉宾一：不对，全国统一的数据，在1998年，大概1900多块钱，接近2000块钱。去年全国的平均数字是4440块钱。

嘉宾二：才涨了一倍？

嘉宾一：也就算多。

主持人：你哪来的数字？

嘉宾二：1997年到现在才涨了一倍？

嘉宾一：国家统计局正式公布的数据，而且是按去年9.3亿（平方米）的建筑面积，4.3亿的价格除出来的，你算就能算出来。

主持人：但是你知道最近微博上，还有一个段子，说的是什么？一个地理学家，一个探险家，还有一个统计局的，迷失在沙漠之上。谁最后能获生？答案是统计局的，因为他们水分最多（幽默讽刺）。

嘉宾一：你说的可能对。我们倒过来说一说，我们说，这个30年以前，我们白菜的价格是多少？不到2分钱1斤，现在呢？现在可能2块多钱都打不住了，可能5块钱一斤（对比。北京的白菜价没这么高，这不知是哪个城市的菜价）。

嘉宾二：所以房价跟别的价一起都在涨，我同意。

嘉宾一：是不是？但是房价不管怎么样，当时的造价只有300多块钱，对吧？现在如果按4000多算，你也就涨了10倍，和白菜涨了250倍，差远了去了，是吧？就这个工资算，1978年，我们的工资是256块钱一年，今天呢？你刚才说的，最低的可能都2500一个月了（对比）。

主持人：这一脑子数，我也不知道你说得对不对。

嘉宾一：那差了多少倍？差了1000倍。

嘉宾二：房价这样涨下去，有两个危险，一个是民众会反，第二个是国家竞争力会下降（嘉宾二对房价飞涨观点的核心）。

嘉宾一：我非常同意你说的。

从以上这个专题谈话节目来看,围绕中国当下"民间第一怨"——房价飞涨的问题,主持人和嘉宾都站在各自不同的立场,从各自不同的角度,分别有理有据地阐述了自己的观点。显然,嘉宾一是做了充分准备的,或者说,他早就拥有丰富的资料,有过深刻的思考,因而镜头前出尽风头,将自己的心里话和盘托出,畅快淋漓;嘉宾二和主持人则站在嘉宾一观点的侧面和对立面的角度,不断提出各种质疑,也让受众对房价有了全方位的思考。话题从开始到结束,三方所用言辞都很通俗。移就、比喻、对比、夸张等修辞手法,加上一些习惯用语、缩略语、网络词汇等,使谈话内容和气氛并不因观点对立而显紧张。

从文字语言到有声语言,从谈话语体,到用"说"的方式来报道新闻,语体交融带来的新鲜感加深了我们对语体的认识,以及对语言本体随主客观世界变化而变化的理解。在这种动态性的认识、理解过程中,一方面我们可以进一步体会语体自身特点所需的表达状态,另一方面,在语体互相借鉴、融合的过程中,也让我们进一步体会抓住语体根本性质,以一种主要状态来规范、统领其他语体的必要性。

通讯作为新闻中的一种语体融合形式,它的本性不能脱离新闻的客观性、真实性,离开这两个本性,任何"生动、形象"的描述,都将失去根基;同样,"说新闻"如果失去新闻的真实性与客观性这一实质,而仅仅突出主观想象、主观议论,即使可以凭借"故事化新闻"吸引更多的受众,也难以保证节目对接受主体产生持久的注意力、吸引力和可信度,更难以保证新闻能带给人们时代感和历史感。

第四节 融有声语言与画面于一体的"电视片配音"

电视片配音是随着电视及电视节目的产生而来。除了电视剧人物角色的配音外,还有电视新闻、电视专题、电视广告配音等。

一、电视新闻配音

电视新闻配音是指播音主持创作主体通过对电视新闻事实画面作出一定

的说明、解释、点评来完成电视新闻报道的有声语言表达。"通常情况下,需要配音的电视新闻片都是一则新闻的一个组成部分,是口播导语的延展和细化。""配音的内容往往是一则新闻的主体,是对导语的展开和对具体内容的讲述介绍……配音时需要注意与口播导语的衔接,体现一则新闻的完整统一。"[①]也就是说,电视新闻配音,并不是单纯的电视画面配音,而是电视报道语体的组成部分,所配的有声语言,主要任务是为完成一则新闻而展示所必需的各个要素,如事件发生的时间、地点,发生过程中的情节、细节等。有声语言的作用,可以是对观众仅看画面还不足以明白新闻事实的辅助说明,也可以是直接通过对新闻事实的概括性陈述,让画面加以佐证。不论哪一类配音,都需要播音主持创作主体明确自己对新闻客观性和真实性的认识与态度。

与口播新闻相比,由于有画面的呈现,涉及新闻的时间、地点、数字等信息要准确无误,而一些表达主观情感的形容词则要少用甚至不用,否则,将影响人们对新闻客观性、真实性的认可度。如此理解电视新闻报道语体,理解报道语体在与新闻事实画面和有声语言表达融合过程中的主次关系、对比关系、整体与部分关系,表达就会更加清晰,依据也就更加充分。

我们来看一条央视《新闻联播》消息:

记者现场报道:杞柳过去一直被沂蒙山区的人用来编制柳篮、柳筐等简单的家庭用品,但如今在临沭县官陆新村却用杞柳编出了上百种形态不同的柳编制品,畅销一百多个国家和地区。

新闻画面配音:荷兰经销商皮特昨天就慕名来到了官陆新村,一下就购买了价值近百万美元的柳编制品。

其实,早在抗日战争和解放战争时期,满山遍野的杞柳就被沂蒙老区人编成筐做成担架,运军粮、送军鞋、抬伤员,涌现出了沂蒙红嫂、六姐妹等拥军支前模范。在人民群众的支援下,八路军115师取得了白彦争夺战等一系列战斗的胜利,打破了日军的"铁壁合围"。解放战争中,华东解放军取得孟良崮战役的胜利,粉碎了国民党对山东解放区的重点进攻。

国防大学教授(同期声):在淮海战役期间,据统计,一共有560万

---

① 王明军、阎亮:《影视配音艺术》,中国传媒大学出版社2007年版,第159、167页。

人民出工,其中沂蒙山区的人民就近百万。

新闻画面配音:昔日支前的小推车今天已经进入了博物馆,而装运物资的柳筐却变成了抢手货。如今在沂蒙山区生产柳编的企业达110多家。从2002年起,临沂建立起了现代物流产业,3万辆专业物流配送车每天穿梭于沂蒙山区的数百条公路上。产品4天内就可到达全国任一县以上物流网点。

昨天上午荷兰经销商皮特在官陆新村订购的第一批柳筐,下午就抵达了临沂市的物流中心,两小时后,它们将运达附近的港口城市,20天后,就会运抵欧洲。由于无需等待配货,这100箱柳筐还可以节省存储成本600多元。

流通速度加成本节约,使沂蒙老区的产品在全国市场具有了价格竞争力,偏僻的山村办起了木质板材等十大类企业。在全国18个连片扶贫地区中,临沂市第一个实现整体脱贫。①

这条消息除了记者现场口述导语,其余均有画面配音。除专用术语外,人物身份、地点、购买数额、背景介绍、生产流通数据等都是配音的重点,用以弥补画面难以具体说明的事实要点。而画面本身可以清楚说明的部分,就可以轻松带过。这足以证明,报道语体在与电视画面的传播融合中,和仅有音频而无画面的广播相比,表达上的确有许多不同。

如果说以上消息还仅仅是融合电视画面构成的报道语体,以下一段文字则是在报道语体基础上又融合了评论因素,而成为带有记者鲜明倾向性的调查纪实了:

云天楼就是这52家餐饮企业之一。走进这个餐厅,首先你会见到这个提醒现金消费的宣传画。用来刷卡的pos机上已经被标注了禁止使用的图案。宣传画上醒目地写着:"用现金结账实惠。"向来被认为是方便快捷的银行卡在这里被"卡"住了。

记者注意到,在这家餐厅的收银台,已经看不到pos机的身影。收银员已经把机器放在了桌子下面。看来他们已经不打算让消费者

---

① 中央电视台:《新闻联播·杞柳畅销100多个国家和地区,沂蒙老区脱贫》,2009年9月20日。

使用银行卡了。当天中午,记者做了一个统计,到这家餐厅就餐的顾客共 29 桌,消费金额为 25241 元,平均每桌消费 877 元,全部是现金结账,而在 6 月 20 日之前的情形则完全不一样。

因为被告知刷卡要多付 2%,向来精打细算的温州顾客基本都放弃了刷卡。

同样,另一家加入罢刷行列的罗马城大酒店也在严格地执行约定。

30 分钟之后,记者等到了这位前来结账的女士,显然她早就知道了酒店拒绝刷卡的事情,面对高额账单,她直接从包里拿出了大量现金付账。

尽管消费者对酒店的做法表示不满,但是酒店显然更看重自己的统一行动,记者走访了几家餐饮企业,得到的回答都是一样的。[①]

这段开场白,报道温州出现拒刷银行卡事件,文中带点的句子明显带有播音主持创作主体对拒刷银行卡事件所持的态度和倾向性立场。有新闻事实的电视画面,去掉这些带点的句子,稍加精练组合,不失为一段较为客观的情景描述式导语,而加了这些句子,播音主持创作主体呈现于接受主体面前的个性形象就由隐而显,鲜明许多。

二、电视专题配音

电视专题配音是指播音主持创作主体对电视专题节目的画面进行说明、解释、抒情、评论等有声语言表达,它和电视画面一起,围绕并揭示一定的主题和宗旨,共同达到传播目的。

如同通讯不脱离新闻性,又融各类语体特点和表现手段于一身;电视专题由于多了电视画面,它的有声语言表达也呈现出多样性。一般来说,电视新闻报道语体光看文字记录,也能成为一篇完整的文章。可电视专题则不然,有时必须通过有声语言才让接受主体看明白画面;有时,因为画面本身能说明问题,有声语言只点到为止,无需细说,所以文字可能就只是个片段,不那么完整。

[①] 《温州酒店行业罢刷事件》,央视《经济半小时》播出,转引自王明军、阎亮:《影视配音艺术》,中国传媒大学出版社 2007 年版,第 161 页。

不同于报刊、广播,电视专题以影像画面的流动和有声语言的表达合二为一为其主要特色,播音主持创作主体必须考虑到流动影像画面的存在,同时注意辨别语体的类属和语体的兼容,才能使表达更为生动形象,更好地反映文本意图,从而满足接受主体的视听需求。

我们来看一个专题的片段文稿:

> **专题画面配音**:有人说,到了台湾,你可以错过很多景点,但是这里,是无论如何不能错过的。台北市士林区外双溪,一处巨大的牌楼背后,一座典型的中国宫殿式建筑格外引人注目,这就是著名的中国台北故宫博物院。对于大陆的多数人来说,台北故宫博物院久负盛名,但却很难见其真容(对比),60多万件中国古代珍贵文物珍藏其中,磁石般吸引着我们。我们决定深入其中,一探国宝真迹。
>
> 大陆的媒体要进入台北故宫拍摄可不是件容易的事(尤其是在民进党大搞所谓"去中国化"的政治背景下)。经过与相关部门的多次协调,我们向台北故宫的负责人充分阐明了拍摄意图,终于获准进入展馆内拍摄(因果)。条件是只有一天的拍摄时间,以及不允许使用任何灯光照明设备。
>
> 导游告诉我们,由于台北故宫博物院受展厅面积所限,通常每3个月会换一次展品(对比),即使这样,要把这里所藏60余万件稀世文物逐个儿在世人面前亮个相,至少需要30年(对比)时间。
>
> (同期声)这边呢,这个地方叫玉灿珠光,就是那些我们讲的肉形石、翠玉白菜,就摆在这个地方。
>
> **专题画面配音**:文物常换常新,但是有三件宝物始终没有换过,这就是毛公鼎、东坡肉形石和眼前的这颗翠玉白菜。
>
> 昏暗的展室内,一盏聚光灯下,这件清代的玉雕作品透射着玉器特有的晶莹光亮。清代的玉雕大师在一块灰白与翠绿颜色相间的玉石上,巧妙地把绿色的部位雕成菜叶,白色的雕成菜帮,菜叶自然反卷,筋脉分明,造型逼真到几乎达到以假乱真的程度。如此大费雕工的绝世之作可不是工匠们一时的兴趣爱好,而是被他们赋予了特别的象征意义。
>
> (同期声)这颗白菜被发现的时候,是在雍和宫。雍和宫据说原来

在光绪皇帝的时候,是瑾妃所住的宫殿。我们知道光绪皇帝当时最喜欢的是珍妃。珍妃跟瑾妃两位姐妹一同入宫,一位长得秀丽、漂亮,一位长得身材高大一点点。这是她的姐姐瑾妃的嫁妆。你可以看到,这个翠玉白菜,它的白的部分作为心,绿色的部分作为叶子,这个代表了清清白白,嫁入夫家。

专题画面配音:更让人惊奇的是,在这颗只有十几公分大小的翠玉白菜上,居然还攀爬着两只在菜叶上小憩的螽斯虫,可谓是巧夺天工。这又有着怎样的含义呢?

(同期声)这两只就代表了子子孙孙,因为它也称作蝈蝈,所以说象征子孙繁衍非常地迅速。这个也是希望嫁入夫家之后,嫁入宫中之后能够子子孙孙,绵延不绝。很可惜,我们都知道,从光绪皇帝开始,清朝最后的两个皇帝,通常都不是皇后所亲生的儿子,而是由亲王那边领养过来的。所以我们说,再看这个翠玉白菜,如此漂亮的同时,其实清也就从此灭亡了。所以我们说既然有这么多的愿望,希望子孙绵延,希望清白,嫁鸡随鸡嫁狗随狗,可是为什么偏偏就不能够如她所愿呢?因此我们在雍和宫中,所发现的这一个翠玉白菜呢,就留下了一个凄美而令人动容的故事。

专题画面配音:今天的人们在欣赏这件玉雕作品时,除了赞叹玉雕大师精湛的技艺,更感叹于他们的丰富的想象力。[①]

这里的同期声是现场解说的声音。如果没有解说,逻辑链条便会中断,因此,这样的配音一定要考虑到画面的呈现与同期声的前后衔接,如果画面本身能看懂,或同期声中已经有了相关的解说词,画外配音遇到类似词语时一般就不必再强调或加重语气,否则就可能画蛇添足,适得其反了。

我们再来看一个电视专题文稿的片段:

电视专题配音:到台湾不能不逛台北的夜市,这里堪称美食家的天堂。在著名的饶河街和士林夜市随便走走,南北风味和地方特色的美味佳肴令人眼花缭乱、目不暇接。这里随便一家也有几十年的历史。

[①] 中央电视台国际频道:《走遍中国·台北故宫探国宝》,2010年2月21日。

在台北,商业氛围极其浓厚,楼上住人,楼下开店,吃喝购物一应俱全,不出街区完全解决(对偶),真可谓方便之至(因果)。但是如果你想在夜市上将台湾小吃一网打尽,恐怕太不现实(转折)。所以,在夜市逛累了的时候,也让眼睛休息片刻,不妨先来一碗香喷喷的牛肉面安慰一下肚腹。饱餐一顿之后,我不禁对这家牛肉面奇怪的店名产生了兴趣。

(同期声)这个店为什么叫程班长啊?

因为爸爸在部队当兵的时候当班长,他姓程,所以取名为程班长。

他是老兵?

对,他是老兵。爸爸在福建省,从小就对吃的比较有兴趣,一直慢慢研发,然后到台湾来,自己在台湾做点生意,然后慢慢从路边摊开始做。

电视专题配音:程班长牛肉面来自大陆熟悉的口感,使我们对这座城市仅存的一点陌生感彻底消除。于是萌生了一个想法,我们的台湾美食之旅就从牛肉面开始吧。这一了解,才发现其实台北的牛肉面早已是岛内闻名的。即使在号称寸土寸金的101大厦里也有牛肉面的一席之地。

现代社会餐饮潮流快速变化,创新手法频出,精品级牛肉面大餐如雨后春笋般出现在台北街头。可以不夸张地说南北方各个流派的都汇集台北,店面和摊位估计有700家之多。牛肉面已经成为台北人餐桌上的主食。

近两年,台北市还举办过两届牛肉面节,参与者非常踊跃,评选出100家最受欢迎的牛肉面。听说一家名叫牛爸爸的是其中响当当的佼佼者。[①]

这段以叙述语气为主的电视专题片段,轻松自在,在号称美食家天堂的台北夜市,作者选择了一条街的一个夜市作为重点,巧妙地以怪店名——"程班长牛肉面"和对店主人同期声的采访,很自然地拉开介绍台湾美食的序幕。就这样,接受主体被播音主持创作主体不知不觉地带入了台湾的美食之旅。

[①] 中央电视台国际频道:《走遍中国·台湾美食寻源》,2008年10月12日。

三、电视广告配音

电视广告配音是指播音主持创作主体根据广告内容和形式的需要，对画面作出补充、解释的有声语言表达，以突出主旨、塑造形象、揭示主题、渲染气氛。它包括公益广告、商品广告、企业形象广告、影视剧广告等配音。电视广告配音与广播广告配音最大的差异在于，它和电视画面融为一体。而广播广告主要靠声音，除音乐、音效外，人声尤其是人发出有声语言的语气变化，特别能吸引人、感动人。电视广告则可以无人声配音，只要通过画面和音乐、音效、字幕的配合，就达到一定的传播目的。因此，有声语言在电视广告中出现，必须能画龙点睛，或含蓄深沉，或庄重稳健，或娓娓道来，或活泼跳跃，必须讲究与画面主题的贴切与和谐。

下面是电视剧《雪域天路》的预告片配音：

这条路，曾经是他们的梦想；这条路，耗尽50载春秋；这条路，数万人用生命铸就而成。他们，曾经历经坎坷，几番浮沉，但是他们绝不会放弃自己的誓言。央视一套，《雪域天路》，悲壮献映。

这一条电视预告片有三个方面的特点：一是文字上概括性描述加评述（路由人铺，人由心撑）；二是语句上层层递进，表现在有下画线的句子上：（筑路工人）"历经坎坷，几番浮沉，但他们绝不会放弃自己的誓言"；三是朗诵式的表达，要求有声语言创作带有一定的情感。

再看《摩托罗拉 V70》的电视广告配音：

人物独白：我不追求独特，因为每个人的想法本就不同。坚持自我，只为自己而做。不过，意外的启发，也令我感动。

旁白：世界因我不同，摩托罗拉 V70。

为了彰显手机的个性，这条广告有人物角色配音另加旁白。人物角色说的属内心独白，它的传播意向是潜在的、间接的。听上去似乎只是自言自语，但是一句"意外的启发，也令我感动"，却承上启下，为突出旁白"世界因我不同"作了最好的铺垫。既点明了当今世界多元化的创作理念，又表明手机虽说不追求独特而独特性自存。

四、影视剧人物配音

影视剧人物配音是指播音主持创作主体根据影视剧作品内容,专为影视剧人物角色配制有声语言,以强化人物角色艺术形象的创作活动。它包括对白、独白、内心独白、旁白,以及群杂等内容。影视剧人物配音从类型上可分为译制片(外译中、中译外,方言或少数民族语言译配等)、国产片(后期人物台词配音)、美术片(绘画造型艺术,夸张、变形、象征、比喻手法)等。

1. 影视剧人物配音的创作特征

一是写实性。因为是对人物角色的配音,只有对人物的性格特征、内心活动和外在行动有足够的认识和理解,有声语言的内在根据才可能充实、丰富,有声语言的外在形式才可能真实、具体。

二是假定性。假定性与写实性看上去是一对矛盾,实际上正好说明艺术真实非生活真实。艺术真实可虚构,无论情节构成还是角色塑造,都充满了影视剧作者的想象力、创造力,尽管这种想象力、创造力的源泉在于生活的真实,但实际上应高于生活的真实,才可能更生动、更吸引人。因此给人物角色配音,配音者本人也要具有想象力、创造力,才能让所配人物角色的有声语言符合人物性格形象,让受众的知觉"感到真实的形象","体验到他自己曾经捕捉到的美好形象、感受到他曾经有过的那种狂喜的心情"。[①]

三是适应性。所配人物角色间、配音者之间,所配人物角色环境、配音环境都有一个互相熟悉、适应的过程,这一过程的快慢,直接影响人物角色的把握和表现,直接关系到配音的进度。

2. 影视剧人物配音在创作技法上有两点值得重视

一是树立"我就是"的理念,并融入到演员与角色的心理活动和言语行动中。可以从具体研究影视剧演员的表演特点开始,如英国电视剧《福尔摩斯》中的福尔摩斯,开口说话前"嘴巴经常会有一些表现思考和判断的小动作,正是这些开合的小动作"[②],直接影响表演节奏和配音的口型贴合。

[①] 腾守尧:《审美心理描述》,四川人民出版社 1998 年版,第 146 页。
[②] 王明军、阎亮:《影视配音艺术》,中国传媒大学出版社 2007 年版,第 205 页。

对演员的表演特点的把握，目的是更深刻地理解角色特点，所谓演什么像什么，是演员对角色理解把握的最终成果，而配什么像什么，则需要从演员身上体会角色本身的性格气质、心理活动、行为动作和言语特点。"只有用感同身受的真实感情，才能将真切的语言、声调与角色的形象统一起来。比如她挨了一拳，我感到自己也挨了一拳，这样发出的声音才有真实的痛感。"[1]为了达到对角色的准确理解和完美体现，还必须对角色所处的时代、社会环境、民族、地域特征，以及职业、身份进行一定的分析和想象体验。

二是抓住角色的外部特征，要由内到外地把握角色心理节奏和行为动作，注意角色的气息状态和口型开合。具体可以从角色言语的起始位置、台词的长短快慢、口型的开合松紧等几方面入手，一一琢磨体会而渐入佳境。

第五节　融有声语言与音乐、音像于一体的"文艺播音"

文艺播音的概念有狭义和广义之分。广义的文艺播音泛指以文艺语体播出的节目，如小说、诗歌、散文、戏剧、影视剧等；狭义的文艺播音，指的是播音主持创作主体通过有声语言和副语言对文艺语体作品进行串联、解说、评介，使受众深刻、全面地理解原作，起到升华认识、陶冶情操作用的创作活动。

这里特指狭义的文艺播音。

文艺播音的第一个特征，是对文艺语体的依附性。我们强调一定要有音像素材的配合。如果缺少音像素材，节目就会不完整。

文艺播音的第二个特征，是对各类素材的融合性。无论单播（有声语言为主）、插播（音像素材中穿插播音员的有声语言），还是混播（有声语言和音乐、音像共存，互相混合、重叠），都要讲究节目整体的和谐性。

学习文艺播音要学会处理"主""从"关系。一般来说，单播节目主要强调有声语言；插播节目需把握有声语言的辅助地位，不可喧宾夺主；混播节目需要注意有声语言与音乐、音像素材的有机结合。

电视片配音和文艺播音，除电视剧人物配音和文艺语体播音外，有着共同

---

[1] 王明军、阎亮：《影视配音艺术》，中国传媒大学出版社2007年版，第210页。

的特征,那就是有声语言和音像素材的融合性。播音主持创作主体必须熟练掌握音像材料,明白自己的有声语言创作非独立成篇,也不是简单地依附于音像材料。电视片配音不论是新闻、专题,还是广告,目的就是要和画面共同达到传播目的;文艺播音所谓串联、解说、评介,同样是为了让受众更好地认识、理解文艺作品本身。因此,电视片配音和文艺播音都要力避喧宾夺主,追求整体和谐。这是学习电视片配音和文艺播音需牢记的关键点。

第六节 播音主持的表达样式

张颂先生2002年在《中国广播》杂志第一期刊登的《话语样式简论》一文中,根据广播电视语言传播的实际,曾提出宣读式、播报式、谈话式和朗诵式四种播音主持基本样式。他认为:"每一样式中,又可以分为高雅郑重格调、平实正规格调、通俗活泼格调、消闲随意格调四种样态"。[①] 所谓话语样式和样态,指的是有声语言的表现形态。播音主持创作主体结合内容题材、创作语境而采用的有声语言表达样式,应当考虑接受主体的理性认识水平和感性体验程度,在停连、重音、语气、节奏等变化上作出不同处理,以一定的语势将稿件呈现出来。根据当下的播音主持实际,这里对宣读式、播报式、谈话式、朗诵式进行简要介绍。

一、宣读式

所谓宣读式,是指播音主持创作主体根据传播目的,需要将内容公布在一定范围和一定人群中,使之广为知晓、严肃执行而采用的语言表达样式。一般以政治公务语体的有声语言表达较多。如政论语体中的"社论、编辑部文章、评论员文章、政治论文、思想评论、时事评论、宣言、政治决议,以及党和国家领导人的重要文章、报告、讲话等"[②];公文事务语体中的"命令、令、指令、法令、指示、决定、决议、公告、通告、通知、通报、批示、报告、请示、公函、国书、照会、条约、公

---

① 张颂:《播音主持艺术论》,中国传媒大学出版社2009年版,第217页。
② 黎运汉:《汉语风格论》,广东教育出版社2000年版,第366页。

约、协定、声明、新闻公报、贺电、备忘录、纪要、合同、议定书、总结、保证书、感谢信、倡议书等"①。

宣读式的表达特点是：语句规整、语速平缓、语气沉稳、语态庄重。

这里以一则讣告和一则贺电为例。贺电和讣告、唁电首先在情绪氛围上要有不同程度的喜悲之分，这是处理语气、基调时必须考虑的。其次，在处理具体语句时，须以概念统领词语组合，将相关术语整理出来，保证概念、术语的完整性。最后，注意语节的疏密和语势的抑扬。

如：

> 本台消息：我国著名科学家钱学森，2009年10月31日8时6分在北京逝世，享年98岁。钱学森，1911年12月11日出生，浙江杭州人。钱学森是我国航天科技事业的先驱和杰出代表，被誉为"中国航天之父"和"火箭之王"。1957年获中国科学院自然科学一等奖。1985年获国家科技进步特等奖。1991年10月获国务院、中央军委授予的"国家杰出贡献科学家"荣誉称号和一级英雄模范奖章。1999年，中共中央、国务院、中央军委决定，授予他"两弹一星功勋奖章"。2006年10月获"中国航天事业50年最高荣誉奖"。

由于是讣告，一些名词、奖项，以及每一句句尾的语调可适当下降，如"森、岁、父、王、章"等，如此表达可谓字字句句寄托着人们的哀思。这段文字中，除第一、二句说明这位科学家的生卒年月和籍贯，第三句说明他的历史地位外，以下均为他在各个时期所获的奖项。在大的主谓概念语句意识支配下，处理主语概念词组时，如"我国著名科学家""钱学森"，音时可相对接近；处理谓语概念词组时，时间词、地点词、动词、名词等，音时可相对接近；对历年奖项术语的处理，既要注意词组概念的完整，又要注意时间递进过程中奖项内容和层次的区别，如略微突出"自然科学""科技进步""杰出贡献""一级""功勋""最高"等，听上去就相对规整、清楚，又显得严肃、庄重。

又如：

> 国家主席习近平26日致电在赤道几内亚首都马拉博举行的非洲

---

① 黎运汉：《汉语风格探索》，商务印书馆1990年版，第141页。

联盟第 23 届首脑会议,对会议的召开向非洲国家和人民表示祝贺。

习近平在贺电中高度评价非洲联盟及其前身非洲统一组织为加强非洲国家团结合作、促进非洲经济振兴发展、维护地区和平稳定作出的重大贡献。习近平表示,中方坚定支持非洲联合自强和一体化进程,真心希望看到一个团结的非洲、强大的非盟,衷心祝愿非洲国家和人民在和平与发展的道路上不断取得新成就,非洲复兴的伟大梦想早日实现。

习近平强调,中非友好合作事关 23 亿人口的福祉,也有利于促进发展中国家团结合作。无论国际形势如何变化,中国将永远做非洲的可靠朋友和真诚伙伴。当前,中非合作面临前所未有的机遇。中方将秉承真、实、亲、诚理念,弘扬传统友好,加强同非洲国家和非盟的合作,推动中非新型战略伙伴关系再上新台阶。①

这则贺电中的"国家主席习近平""赤道几内亚首都马拉博""非洲联盟第二十三届首脑会议""非洲统一组织""真、实、亲、诚理念""新型战略伙伴关系"等概念术语,必须做到不破读,才不会让受众产生疙疙瘩瘩、不流畅之感;而像"加强非洲国家团结合作、促进非洲经济振兴发展、维护地区和平稳定"等文字的有声语言表达,排比句内以顿号相隔词组,或两两相对,或层层递进,既能显露出一定的规整性,也能表现出中国对非洲友好合作的坚定信念与态度,显示出中国大国的气势。

二、播报式

所谓播报式,是指播音主持创作主体根据传播内容需要,在较大范围、较广人群中真实、准确、快速传播而采用的语言表达样式。主要是报道语体的有声语言表达。播出时间紧、备稿时间短,有时甚至是瞬间得到消息即时播发或现场直接报道。文字无误、语音准确只是基础要求,重要的是将新闻事实的来龙去脉通过有声语言的表达,让受众准确接收到信息。这里既反映出播音主持创作主体对文字的高度敏感,对现实世界的综合感受与认识理解能力,也反映出

---

① 中央电视台:《新闻联播》,2014 年 6 月 26 日。

播音主持创作主体对文字表达前后内在逻辑的快速反应和有声语言、副语言的快速转化能力。

播报式的表达特点是：语句简练、语节紧凑、语气新鲜、语态明快。

在演播室播报，不像现场有切身感受，对接受主体的想象也是间接的。提示器中的文字随着鼠标的移动，一行行往前跳动，播音主持创作主体的眼神表情和语音发声只有协调一致，不露破绽，才可能真正让接受主体的注意力集中在新闻事实的传播上。

由于播报式以报道语体的表达为主，播音主持创作主体对报道语体的基本构成要素必须全面掌握。报道语体的基本结构是导语、主体、背景和结尾。根据"将最重要的事实放在最前面，其他以事实重要程度和受众需求程度依次排列"原则，"倒金字塔"至今仍为最实用的新闻叙事结构。而播报式重视追寻新闻的五个W：何时、何地、何人、何事、何原因，加上一个H：如何，又可称新闻六要素；重视追寻新闻报道内容的真实、新鲜、明快，语态的朴实、准确、顺畅。

我们拿到任何一篇新闻稿，报道任何一件新闻事实，首先应当敏感于新闻五要素或六要素及其意义所在。如：

> 3月11日14时46分，日本发生里氏9.0级地震，震中位于宫城县以东太平洋海域，震源深度10公里，地震引发海啸及伤亡。[1]

> 日本原子能安全保安院12日宣布，根据国际核能事故分级表的标准，这次福岛核电站核泄漏事故被定为4级。国际核能事故分级表共有从0到7共8个级别，级别越高，危害越大。日本福岛核电站核泄漏事故有微量放射性物质释放，对核电站以外的区域危害不大，因此被定为4级。同时，日本原子能安全保安院官员还表示，此次事故危害程度不及1979年美国三里岛核泄漏事故，更不会造成像1986年前苏联切尔诺贝利核电站事故那样的七级灾难。[2]

对于地震消息来说，人们关注的焦点是它对人类有多大危害，人们应当如何对待。前一条消息说明这是浅源地震，震级之高，绝非耸人听闻，从电视画面

---

[1] 央视网2011年3月11日消息。
[2] 中国网络电视台2011年3月12日消息。

上呈现的海啸,那种横冲直撞、无可阻挡的气势,让人不能不震惊于大自然的无穷威力:几千人瞬间死亡,几万人失去踪影,许多人无家可归。这条消息告诉人们:这是一场严重的自然灾害,并引发了海啸。后一条消息正是人们关注事件发展过程中得到的第一条信息,从中可了解核泄漏事故怎么定级,目前的危害到了哪个程度。尽管后来随着事态真相越来越清晰,福岛核电站泄漏事故的危害性已经超过原苏联切尔诺贝利核电站事故。消息由日本原子能安全保安院宣布,作为转述,不用宣读式而用播报式,更能安抚接受主体的关切之心。从播音主持创作主体传播的这两条消息来看,没有任何拖泥带水或虚张声势。这正应了我们对新闻播音特点的阐释:真实准确,先声夺人;逻辑分明,主次得当;不拖不甩,分寸有度。

再来看一个实例:

> **本台消息:**利比亚首都的黎波里市区当地时间 22 号晚 8 点 30 分,也就是北京时间 23 号凌晨 2 点 30 分左右,又响起密集的防空炮声,人们可看到橘红色的防空炮火射向天空。自 19 日法国、英国、美国等西方国家发动对利比亚的军事打击以来,的黎波里市内和周边多处设施成为袭击的重要目标。①

这段文字,第一句结果式的导语报道,将地点、时间、事件等新闻要素十分清楚地公之于众;第二句进一步对军事打击事件的发动者和袭击目标作出说明。这一新闻事件的原因未在此文中体现,但作为有声语言表达的播音主持创作主体却不能不有所了解。实际上,相关报道已在各种媒体上出现,如法国一改常态首先开火,是地缘政治和巨额投资使然:它离利比亚最近,在利比亚的石油开发上,法国公司投资数十亿,若让执政 42 年的卡扎菲下台、反对派上台,也就能够排除障碍,法国获取更多、更大的利益。美国地理位置最远,但并非无利可图,尤其在军事、政治、经济战略上。如美国已经控制中东相当一部分产油国,利比亚却还是不受美国控制的石油能源产地,美国在利比亚战事上扮演的角色背后,与利比亚石油能源等可给予美国经济发展极其实在的利益诱惑息息相关。况且如此一来,新兴国家的能源来源乃至战略空间将被进一步压缩,等

---

① 中国网络电视台 2011 年 3 月 23 日《中国新闻》。

等。中国政府一贯持"不干涉别国内政""利比亚的事由利比亚人民自己解决"的立场。那么,作为中国媒体的播音主持创作主体,对利比亚局势发展的关注、对利比亚人民生死安危的关心,乃至对全球政治、经济未来发展局势的关切,显然应当在这样一条新近发生的重要新闻事件的报道中有所体现。如防空炮声和炮火是多国部队又开始袭击的信号,语气必须客观、真切,类似"密集""橘红色"这样的形容词,尽管是作者对事件状态的描述,表达时却无须刻意渲染,更不应有任何欣赏意味,反倒应很理智、冷静,让人有所感觉却点到即止。客观、冷静地密切关注事态发展,应当成为报道的主导基调,神情、语气都在这样的基调氛围里展示。第三人称的转述,稍快的语速和节奏,都能让人感受到事件的重大与紧迫。

再看一个实例:

> 本台消息:按照安排,美国当地时间28号晚上7点半、也就是北京时间明天清晨7点半,美国总统奥巴马将就利比亚问题发表全国讲话。讲话前夕,美国多家媒体27号播放了对美国国务卿希拉里·克林顿和国防部长盖茨的采访。盖茨说,多国部队对利比亚进行军事打击的大部分目的已经实现,但军事行动可能还需要持续几个月的时间。
>
> 希拉里则表示,她即将前往英国伦敦,参加本周二由英、法两国召集的商讨利比亚局势的国际会议,各国将在这次会议上讨论如何通过政治途径推动卡扎菲下台。此外,美国政府还将在未来几天内派特使前往利比亚,向卡扎菲传递来自白宫的"明确信息"。①

美国总统发表全国讲话前,透露媒体对美国国务卿和国防部长的采访要点,实际是为总统讲话的基本精神放风。因此,抓住两位被采访者的讲话要点和关键词,就成为这条新闻的亮点。如"军事打击"和"军事行动"相对,前者"大部分目的已经实现",后者则"还需要持续几个月的时间"。又如希拉里参加的国际会议,将讨论"如何通过政治途径推动卡扎菲下台",以及"传递来自白宫的'明确信息'"。有声语言在表达以上带点词语时需强调,实际上这些词语作为

---

① 中国网络电视台2011年3月28日《中国新闻》。

信息的精华,也使新闻本身成为人们关注事件发展的一个个记忆点。如果我们不在这些点上有所强调或提示,新闻事件本身及其意义通过有声语言传播给人们的印象就可能淡而无味,不会达到深刻的传播效果。

播报式在新闻播音中,除了需强调播音主持创作主体的新鲜感、媒体代表的身份感外,相关术语处理上的完整性也很重要。解决的办法,一是用概念统领词组,使语节更加凝练、紧凑;二是正确运用逻辑关系处理好语句、语气的转换。如日本原子能安全保安院、国际核能事故分级表、美国三里岛核泄漏事故、前苏联切尔诺贝利核电站事故,都不要按现成词组的分切来读,而应按类似于一个词语的概念来表达,这样不仅可以减少语节,也可以加快语速。如将日本原子能安全保安院分成日本、原子能、安全、保安院四组念,语节多而碎,听上去很不完整,而将四个词组合成一个概念表达,不仅意思完整,语流也更顺畅。若因气息不足想在中间断开,那也得有依据,如在"日本""美国""前苏联"名词后稍作停顿以表示不同国别的区分,但剩下的词语应连起来说。又如"美国多家媒体27号播放了对美国国务卿希拉里·克林顿和国防部长盖茨的采访。盖茨说,多国部队对利比亚进行军事打击的大部分目的已经实现,但军事行动可能还需要持续几个月的时间。希拉里则表示……"采访两位国家领导人,先报道国防部长,再报道国务卿,语气上必须有所区分,才能让人听明白。实际上,人物换、景物换、主题换、层次换,等等,只要有声语言表达上有转折的意味,语气上都要有抑扬变化。这就是有声语言表达清楚的一个标志,也是思维反应律、词语感受律在播报式表达中的具体体现。

三、谈话式

所谓谈话式,是指播音主持创作主体根据一定语境和一定对象,将书面语体口语化或直接采用口语语体,拉近与传播对象生理、心理距离的语言表达样式。主要是指媒体谈话语体的有声语言表达。它借鉴日常谈话的状态,但话题内容相对明确而集中,言语选择更加得体规范,句式结构也讲究完整连贯。如香港凤凰卫视的《锵锵三人行》,移就、比喻、对比、对照、对偶、借代、夸张等修辞手法的运用比比皆是,加上一些习惯用语、缩略语、网络词汇的穿插,使谈话气氛非常生活化,而谈话内容又是相对集中而鲜明的。这是媒体传播在相对有限的时间里给接受主体更多信息量的职业素质要求,也是广播电视传播的一个特点。

谈话式的表达特点:语句灵活、语流自如、语气生动、语态轻松。

请看2011年3月25日《凤凰早班车》节目《金正日向旅日朝鲜侨民捐款50万美元》的报道:

> **主持人**:<u>日本大地震之后,各国是捐款捐物,而其中备受关注的就是朝鲜领导人金正日,他以个人名义向旅日朝鲜侨民捐款50万美元</u>,这个数字世界银行统计是相当于520名朝鲜人在2009年的年平均收入的总和。
>
> 另外,朝鲜的红十字会也向日本灾区捐款10万美金,其实每次出现灾难的时候,朝鲜都会向旅日北韩侨民捐款,神户地震之后朝鲜曾捐了20万美元。

以上画线部分以外的文字,是主持人为了制造谈话气氛做的自然连接。这些连接文字是主持人了解消息产生的背景使然,丰富了消息内容。

再看一条中央电视台财经频道《经济信息联播》播出的消息《电话连线北京:金融改革大幕开启》

> **演播室主持人**:国际方面我们来看一条最新的消息,北京时间今天下午美国国会参众两院批准了金融监管体系全面整改法案,美国财政部长盖特纳今天发表声明说,这项法案将会建立起美国历史上规模最大的个人消费者金融保护机构,将阻止金融公司采取对经济造成风险的冒险活动。此外它还将向政府提供重要的新工具,来更好地保护纳税人免受未来金融危机的损害。那么这项法案都有哪些具体的主要内容,现在我们就电话连线正在前方报道G20峰会的记者××(现场主持人),你好。
>
> **现场主持人**:主持人你好。
>
> **演播室主持人**:美国的财政部长盖特纳说,这项法案将会是强有力的。那么在你看到的这个法案的一些具体内容当中,哪些条款显出了强有力的内容?
>
> **现场主持人**:我现在是在加拿大多伦多,现在是多伦多当地时间早

晨的 9 点 32 分，今天也是 G8 峰会举办的时候。从昨天晚上抵达多伦多开始，我们已经看到各国领导人的车队出现在这个会场周围，陆续地抵达，开始进行 G8 以及 G20 峰会期间的活动。你刚才提到这个法案是今天早晨起来最大的一个消息了。大概在周五的凌晨 5 点 39 分，美国的参众两院议员就大萧条以来规模最大的金融监管改革法案达成一致。具体的内容大概有几条：一个是银行有可能分离所谓的非传统的衍生产品的业务，银行最多能有 3% 的资本投资于对冲基金和私募基金，这一点对华尔街的震动非常大。我也听到我自己很多华尔街做对冲基金、还有一些做私募基金的朋友跟我说，说他们的孩子都不准备再做这个行业了，说政府开始对这个动手术，他们的孩子将来可能再也没法从事这个行业。另外大型的银行可能还要交税，190 亿美元，风险最大的银行交税最多。这几天我们也注意到关于银行税的问题是 G20 峰会之前最大的争议之一。目前有很多的说法，英、法、德是建议征税，在这个话题上遭到了日本和加拿大的反对，现在美国已经率先做了一个新的关于这个法案的一些变化，这个很可能会成为奥巴马总统上任以来第三个，他自己可能认为最值得骄傲的里程碑式的法案。第一个当然是经济刺激计划了，第二个是美国的医改法案，第三个法案，如果说这个金融监管法案能够顺利地通过，对奥巴马总统第一个任期来说，可能会是一个很圆满的答卷。同时对全世界的金融的改革、对金融危机之后全世界的反思，可能进了很大的一步。

演播室主持人的报道，可以说没有脱离报道语体的基本格式，属于一般的述评式导语。他与现场主持人的电话连线，现场主持人对消息主体的阐述，则更多地采用了谈话语体，除了基本信息外，还附加了自己的一些感受，包括周边自己一些朋友的反应，并对美国这一法案可能产生的影响作出评价。这一实例说明新闻播音主持采用谈话式,不是简单地套用日常谈话的状态,而是需要对所谈内容背景有更深入的了解,才能把握内容要旨,用通俗易懂的大白话使接受主体理解所报道的信息。

以上两条谈话式信息,从与接受主体交流的角度看,比宣读式和播报式更贴近接受主体,更进一步缩短了传受双方的距离。当然,从新闻播音主持要求客观真实的角度看,谈话式的运用无形中产生的主观色彩会浓一些,特别是添加了播音主持创作主体的一些评论,对以往业内追求的新闻不带评论的所谓"客观性",的确是个冲击,但有时这种带有播音主持创作主体主观评论的新闻,有助于一些接受主体更好地理解新闻价值,能给予他们更真切的感受,在传播效果方面也比以前更多了一些"艺术性"。不过,从另一个角度看,这种方式不可避免地影响甚至不同程度地削弱了一些接受主体自身的思考与判断能力。

四、朗诵式

所谓朗诵式,是指播音主持创作主体根据传播内容中出现的文学艺术语体而采用的语言表达样式。它通过描述客观景物,抒发播音主持创作主体的主观情绪,以感染、震撼接受主体的心灵为主要目的。主要以文艺语体中韵体的有声表达居多。在我国,韵体以诗歌为主,诗歌又以格律诗为基础,格律诗包括五字四行的五绝、七字四行的七绝,五字八行的五律、七字八行的七律。正是在格律诗的朗诵实践中,形成了格律诗写作的基本规律:平仄、对仗、押韵,形成了"分四声、去八病"的基本要求。

艺术的生命力在于百花齐放。除了格律诗外,古体诗、词和现代自由诗,也常常采用朗诵式。古体诗作为格律诗的先声,语体限制不那么严格;词开创了新的表达境界;现代自由诗在现代白话文基础上,结合诗词格律规范,表达更加自由。

朗诵式的表达特点:语句精炼、语意深邃、语态夸张、语势多变。

明确韵律、抓准重点、确定基调、把握语气,是朗诵获得成功的基本前提。在传播实践中,对画龙点睛的重点的把握,对体现思想感情色彩与分量的基调的确定,对反映语句态势与趋向的语势的呈现和流露具体思想感情的语气的表达,以及对由声韵调、平仄和韵脚构成的韵律的表现,作为备稿、表达的步骤,其先后顺序没有严格的规定,却都不可或缺。要根据内容的难易,结合朗诵主体

的认知水平和表达能力作出综合考虑。一旦进入朗诵创作领域,必须解决好三个问题:

一是创作心态的表演性。要敢于当众"孤独"地展示你对诗歌的理解。

二是遵循朗诵的基本创作原则和方法。① 围绕文本精神和文本情境,感同身受、突出题旨。

三是自如运用夸张、渲染等创作手法。

第一条和第三条是朗诵式明显不同于播报式、谈话式、宣读式的地方。第三条又与朗诵技巧直接相关。为了达到展现诗境、散发诗味的目的,除了用气发声上要强化唇舌的喷弹力度,还必须处理好词语的疏密尺度、语势的抑扬幅度、声音的刚柔强度和明暗亮度等几个关系。如此,既有对文本全篇的宏观理解,又能作出"这一句"的微观处理,语境、语旨的真正体现和落实才是可靠的、有底气支撑的。

以下仅以我国隋、唐、宋诗人写的思念之作为例。

绝句方面,如隋代薛道衡表达思乡之情的五绝《人日思归》:

入春→才→七日→,离家→已二→年→。
人归→落雁→后→,思发→在→花前→。

人日指正月初七,才正月初七就想家了吗? 非也。是指入春才七天,离家却两年了吗? 非也。或者,可说是,也可说不是。作者的主要意图是抒发自己回家的念头早在春花开放前就有了。可是能够动身回家的日子只能在南雁北飞之后了。如此理解作者的思乡情,可知前两句说入春时间短,离家时间长,后两句说回家时间晚,想家时间早,时间上用的是正向与反向思维法,修辞上则选择了夸张对比法:七天和两年的数字对比,花开前与落雁后的时间对比。离家时间之长、思念之久是这首诗抒发情感的重点,两句的重心也各在后半句。语势处理第一句采取上山类,第二句采取下山类,却不能一落到底,语气要表明自己深深的思乡情早在春花吐蕾前就有了。发"前"字音时稍拖延些,能使思乡情的表达更为深沉。

又如唐代王维表达思友之情的五绝《相思》:

---

① 张颂:《诗歌朗诵》,北京广播学院出版社 2001 年版,第 1—9 页。

红豆→生→南国→,春来→发→几枝→。
愿君→多→采撷→,此物→最→相思→。

红豆生长在南方,是相思的象征物,对亲人、爱人、友人的思念之情,就寄托在红豆这相思物上。第一句语势逐渐上扬,显示出看见红豆在春天生机盎然的样子的喜悦与向往,第二句语势先升后降,以表示对内心之"君"的无限寄托。热切的愿望落在最后一个"思"字上,如同上一首诗的"前"字,音时要绵延,才能抒发"思"的绵延不尽的感觉。

以上是唐代的五绝诗,我们再来看七绝诗。如唐代元稹表达对心爱之人忧思之情的《离思(其四)》:

曾经→沧海→难为→水→,除却→巫山→不是→云→。
取次→花丛→懒→回顾→,半缘→修道→半缘→君→。

曾经到过沧海,见过无比深广的沧海之水,别处的水相形见绌,全然没有那么美。同样,见过巫山朝云峰上那为神女所化、美若娇姬的云雾,别处的云都黯然失色了。诗的第一句,作者以海水和云雾富有哲理的比喻,表达对亡妻爱情的执著和专一。第二句说经过"花丛"也懒得顾视,表示丝毫没有眷恋女色之念,一半是因为尊佛奉道,一半仍是出于对妻子的忠贞和怀念。在有声语言表达上,每一句都可呈波峰状。第一句"沧海"和"巫山",第二句"花丛"和"修道",都是所见、所缘之物,"沧海"和"巫山"的强调,可表示对别处之水、别处之云的不屑一顾,"花丛"的上扬语势与"懒回顾"的下降语势,表明作者的毫不留恋。第二句后半句点名原因,强调"修道"之后还应强调"君",这个"君"字的表达,用声虚实结合比单纯实声更能让人感受离思的悠长。

再来看看唐代杜甫表达回成都草堂愉悦之情的《绝句四首》(其三):

两个→黄鹂→鸣→翠柳→,一行白鹭→上青→天→。
窗含→西岭→千秋→雪→,门泊东吴→万里→船→。

第一句,"两个"对"一行","黄鹂"对"白鹭","鸣翠柳"对"上青天",静中有动,动中有静,耳听眼看,黄白绿蓝;第二句,一个"千秋雪",一个"万里船",通古连今,编经织纬,让人既看到雪山,又看到江水,既富于想象,又深含哲理。七绝比五绝每句前面都多两个字,表达更自由,但诗的韵律犹在。这首诗的有声语言表达,第一句的两个波峰显示黄鹂鸣和白鹭飞所处的不同层次和高度,第二句波峰波谷相对,表现出历史之久远和现实之深广,创造了令人神往的意境。

律诗方面,如唐代韦应物表达会友心情的五律《淮上喜会梁州故人》:

江汉→曾为→客→,相逢→每醉→还→。
浮云→一别→后→,流水→十年→间→。
欢笑→情→如旧→,萧疏→鬓→已斑→。
何因→不归→去→?淮上→有→秋山→。

江汉和淮上都在今江苏淮阴一带。十五岁就当过唐玄宗侍卫的韦应物,后读书举进士,当过滁州、江州、苏州刺史,人称"韦江州"或"韦苏州"。这首五律是写诗人在淮水边与故人久别重逢、悲喜交集之情。首联忆当年作客江汉欢聚痛饮之场景;颔联以浮云与流水喻漂泊不定和岁月如流,抒发阔别十年不见产生的伤感;颈联直写本次相会,欢笑如旧情如旧,可两鬓那稀稀落落的白发已经生成;既然如此,为何又不回去呢?原来尽管岁月蹉跎,可看着这秋光中的满山红树,实在让人沉迷、留恋啊!有声语言表达让情感的起伏随想象情境和思绪迁移的变化而变化,不仅自己感动,还带动、引发了接受主体的想象和感动,两者产生了真正的共鸣,因此百读不厌。

又如唐代李白赞友人品格精神的五律《赠孟浩然》:

吾爱→孟夫→子→,风流→天下→闻→。
红颜→弃→轩冕→,白首→卧→松云→。
醉月→频中→圣→,迷花→不事→君→。
高山→安可→仰→,徒此→揖清→芬→。

孟浩然比李白年长十二岁,这首五律诗是李白寓居今湖北安陆时所写,表明李白的思想感情与孟浩然有许多相似之处。李白爱孟夫子,不仅因为孟夫子卓然超群的文学才华,还有孟夫子那浩然潇洒的风度人品。孟浩然年少时就放弃仕途,不稀罕车马官帽而走隐遁之路,隐居于鹿门山;等到头发花白,更是寄情山水;明月夜经常喝醉,迷恋花草而不事君王。如此巍峨的高山自己怎么能够仰望,只有在这里揖敬他道德的芬芳。诗的前三句写孟浩然的倜傥狂放生涯,尾句袒露自己的赤诚。有声语言表达时,不仅应体现句与句之间环环相扣的逻辑感受，还应通过逻辑感受带动并贯穿每一句内部的具体形象及感受。既要生动展示具体形象，又要在每一词语的表达中透露出形象的意蕴所在。

再如唐代李商隐的七律《无题》：

相见→时难→别→亦难→，东风→无力→百花→残→。
春蚕→到死→丝方→尽→，蜡炬→成灰→泪→始干→。
晓镜→但愁→云鬓→改→，夜吟→应觉→月光→寒→。
蓬山→此去→无多→路→，青鸟→殷勤→为→探看→。

这首诗有许多解释，有说对思念之人表达自己人在宦海、身不由己的惆怅之情，也有许多其他引申义。就诗本身展示的情境，我们可知那是在暮春时节，百花已经凋零，给别离增添了无限的想象。以春蚕和蜡炬作比喻，表明自己的情意忠贞不渝，而清晨照镜子时的担忧与夜晚睡不着觉时的吟诗，与思念之人有息息相通、心心相印之感。将希望寄托于眼前的仙境，让青鸟作为使者，带去心底的深情吧！有声语言的表达一扬一抑，顿挫相间，先景后情，寓情于景，情景交融。特别是最后一句由近及远，让情谊的使者青鸟带去"我"的问候，说起来似乎很遥远，可感情上又是如此亲近，"为探看"几个字音时的延长，能够充分地展现这样的意境。

又如唐代崔颢的七律《黄鹤楼》：

昔人→已乘→黄鹤→去→，此地→空余→黄鹤→楼→。
黄鹤→一去→不→复返→，白云→千载→空→悠悠→。
晴川→历历→汉阳→树→，芳草→萋萋→鹦鹉→洲→。
日暮→乡关→何→处是→？烟波→江上→使人→愁→。

崔颢曾经因为漫游出塞而诗风大振，这首《黄鹤楼》被宋人严羽誉为"唐人七言律诗第一"。这首诗写的是作者登临黄鹤楼，只见鹦鹉洲上历历可数的汉阳树和茂盛的芳草，对比离愁别绪思乡情，人去楼空，物是人非，愁中别有一番愁。据说李白登此楼也诗性大作，但当看见此诗之气象，竟搁笔作罢。有声语言的表达，前两句通过句末的不对仗，反衬出作者感慨万千的心境和不拘泥平仄的古风味。后两句虽然符合格律，但是"何"字的长声上行，可显出遥望故乡时的迷茫，而"愁"字的平收渐弱，可显出作者内心那深深的愁。

我们再来看词,如北宋柳永的《雨霖铃·寒蝉凄切》:

寒蝉凄切,对长亭晚,骤雨初歇。都门帐饮无绪,留恋处,兰舟催发。执手相看泪眼,竟无语凝噎。念去去,千里烟波,暮霭沉沉楚天阔。

多情自古伤离别,更那堪、冷落清秋节!今宵酒醒何处?杨柳岸,晓风残月。此去经年,应是良辰好景虚设。便纵有千种风情,更与何人说!

生于今福建崇安的柳三变,即我们熟知的柳永,曾经四处漂泊,仕途坎坷,晚年才中进士。而词史上他有两个第一:在北宋第一个专事写词,第一个大量写作慢词。传说"凡有井水饮处,即能歌柳词"(《避暑录话》),可见他在当时的影响。柳永写词的特点是铺叙展衍、不事雕饰。

这首词上阕写长亭话别的场景。《礼记·月令》云:"孟秋之月,寒蝉鸣。"秋天的傍晚,刚下完一场阵雨,听着寒蝉的叫声。在长亭约会,却是为了告别,不免感到凄凉和伤感。"都门帐饮"一语出自江淹的《别赋》:"帐饮东都,送客金谷。"在长亭虽然设了酒宴,却因为要离别,面对美酒佳肴,也失去了往日的兴致。自己虽依依不舍,却还是挡不住即将出发的船。互相握着手,一句话都说不出来,只能看见对方眼里噙着的泪花。是啊,这一去,远在千里之外,想象那里的天空,必是一片夜雾沉沉。

下阕开头承上启下:多情人自古以来最怕的就是离别时的伤感,更何况在这凄凉清冷的深秋的晚上。借酒消愁,可今夜酒醒,你会在哪儿呢?或许已在那残月高挂、微风习习的杨柳岸边。刘熙载《艺概》卷四曰:"词有点有染。"这里的上两句,正是点出了离别的冷落,"今宵"两句则有意渲染,以景染情、融情入景。这一别,不知要过多少年才能再见,即使有良辰美景,也无人分享。只会加深"我"的思念。这也正是"都门帐饮无绪""执手相看泪眼,竟无语凝噎"的缘由。

有声语言的表达,作为创作主体,首先必须以己度人,用心体会词境和作者凄凉的心境;其次必须注意每一句词的韵脚,"切、歇、绪、噎、去、阔、别、节、处、月、设、说"等字,既要注意 ie、ü、u、e、üe 的韵尾,又要注意去声调。有声语言的语势根据词境变化,服从词境需要。如"歇、发、节、月、设、说"等字的音时,都可以比一般字的音时收得短而促,这样表达出来的凄凉感就更能打动人心。

请看宋代李清照的《醉花阴·薄雾浓云愁永昼》:

薄雾浓云愁永昼,瑞脑消(销)金兽。佳节又重阳,玉枕纱厨,半夜凉初透。

东篱把酒黄昏后,有暗香盈袖。莫道不消魂,帘卷西风,人比黄花瘦。

大家知道,押 i、ü、ei、ui、ie 韵能表现悲愤、哀伤、苦闷之情。其实,押 ou、iu 韵也能表现同样的心情,李清照这首词便是。这首词写了深秋孤寂的思夫情。秋高气爽的重阳节在词人眼里却只见浓云薄雾,白天可以不去和别人登山,在闺房香炉烧香打发时间就是了,但晚上那睡不着的凉意,不仅身体凉,心更凉啊! 黄昏赏花吧,本想借酒消愁,但秋风拂袖,花的幽香反让人更感孤冷凄清。瑟瑟西风中把帘子卷起,思夫的人儿比菊花更加消瘦。有声语言的表达,先扬后抑,以抑为主、以扬为辅,似乎有深深的愁情萦绕在心头,为接受主体营造出一种愁情笼罩的意境。李煜的词《虞美人·春花秋月何时了》最后两句:"问君能有几多愁? 恰似一江春水向东流"押的也是 ou、iu 韵。

请看南宋辛弃疾的《摸鱼儿·更能消几番风雨》:

更能消、几番风雨,匆匆春又归去。惜春长怕(一说"恨")花开早,何况落红无数。

春且住。见说道、天涯芳草无归路。怨春不语。算只有殷勤,画檐蛛网,尽日惹飞絮。

长门事,准拟佳期又误。蛾眉曾有人妒。千金纵买相如赋,脉脉此情谁诉? 君莫舞,君不见、玉环飞燕皆尘土! 闲愁最苦。休去倚危栏,斜阳正在,烟柳断肠处。

辛弃疾这首词是表现中国文化含蓄美的杰作,押 ü 和 u 韵。借春意阑珊、美人遭妒的典故,抒发自己壮志难酬的苦闷,可谓意在言外,言有尽而意无穷。词的上阕惜春、怨春,用拟人化的比兴手法。词的下阕巧用典故,以缠绵哀怨的爱情故事象征国运日衰、报国无门的愁情。有声语言的表达要将婉约中的悲壮揭示出来,可以用言此意彼的语气、欲扬又抑的节奏和波峰类的语势来体现。

再看一首艾青的现代诗《大堰河——我的保姆》(节选)：

|大堰河|,是我的|→→|保姆|。|她的名字|就是生她的|村庄→|的名字|。|大堰河|,我是吃了|你的奶|而长大了的|你→→|的→儿子|,我→|敬→|你|爱→→→|你→→|！

情感的抒发常常通过重音的强调、语节的疏密和字音音时的延长来表现。作品朗诵效果的迥异,不仅在于播音主持创作主体的创作能否震撼人心,也在于播音主持创作主体是否拥有深厚的感情依据。只有情感和理性两者完美结合时,才能够真正体现出有声语言的魅力。

除了单独的诗歌朗诵,我们在实践中会更多地接触到诗歌与音乐、画面。如之前提到过的电视纪录片《雪域天路》预告片里的画面配音文字：

这条路,曾经是他们的梦想;这条路,耗尽五十载春秋;这条路,数万人用生命铸就而成;他们曾经历经坎坷,几番浮沉,但是他们绝不会放弃自己的誓言。央视一套,《雪域天路》,悲壮献映。

由于有画面音乐,如果仅仅采用日常叙述语气,显然表现不出筑路的艰辛,体现不了文字背后蕴藏的厚重的情感,而朗诵式就比较适合表现和抒发这段文字的精髓,促进情感交流。

运用朗诵式处理这一段文字,首先要注意节奏、速度,注意与画面时间的衔接和语句本身的停连,注意同一句型的词语对比和错落变化。其次要注意重音的强调,重音强调的依据在于播音主持创作主体对文本主体的感受与想象。如"梦想",这两个字在表达时应虚实结合,不能完全用实声,否则听上去非常突兀。再如"五十载",意味着时间的久远,突出"五"带出"十",能给人一种厚重感,否则听上去很轻飘。第三句突出"生命"二字,可见这条路的修筑是多么艰辛和不容易。这两个字同样要虚实结合,接下来的"铸"字比"成"字力度更强,突出筑路工人巨大的劳动强度。排比句的最后一句突出"绝不会",主要体现筑路工人内心的坚强,声收而力度不减,让人感受到他们坚定的信念和过人的毅力。整段文字在抓句子停与连的同时,还要注意将每句话句尾的气息托住,给人以坚定有力的感觉。

思考题：

1. 融合了各类语体的"通讯"为什么仍特别重视情节和细节的表达？

2. "说新闻"呈现"半文半白"现象的原因何在？

3. 请对比媒体专题访谈和"说新闻"节目，找出各自的特色。

4. 谈谈你对报道语体和文艺语体的认识。

5. 试论语体交融与播音主持样态创新的关联。

6. 请举例说明宣读式的有声语言表达如何做到语句规整。

7. 什么语体最适合播报式？为什么？

8. 新闻播音采用谈话式和日常谈话一样吗？为什么？

9. 为什么朗诵式的语势可以有大幅度变化？

10. 你认为哪一种表达样式和样态更适合你？

第十章

播音主持创作水平的提升路径与基础

内容提要：本章通过对播音主持从感性、知性、理性到悟性这一创作水平提升路径的阐释和分析，说明了播音主持创作的来之不易：它是一个循序渐进的学习实践过程，只有达到"语感通悟"的境界，才有可能在话筒前、镜头前做到"得心应口""出神入化""左右逢源"。

第一节 感性、知性、理性、悟性

一、感觉、感受与感性活动

所谓感性，与理性相对，感性活动在播音主持中，就是指播音主持创作主体通过感觉器官对文本主体中的主客观事物进行思想感情和声音形式的反映与表现。如过去、现在、将来的时间感，高低、上下、左右的方位感，抑扬、急缓、顿挫的节奏感，甜酸、苦辣、咸淡的滋味感，黑白、明暗、深浅的视觉感等，要将感觉器官由自然不自觉的状态转变为积极主动的状态。因为视若无睹、觉而不察、冷漠麻木、无动于衷……无法使创作主体进入良好的播音主持状态。所谓"感之于外、受之于心"[①]，强调主客观世界通过词语符号给创作主体间接刺激，以引

---

① 张颂：《播音创作基础》，中国传媒大学出版社 2011 年第 3 版，第 57 页。

起他们的内心反应。播音主持创作主体对主客观世界的印象，包括各种外在形状、景象、面貌、特征等，通过想象和联想，触动并引发内心波澜。只有蕴含这种内心波澜，说出口的词语才有具体可感的艺术性。因此，在播音主持创作感性活动过程中，词语感受和形象感受成为两个重要支点。词语感受的特点在于透过词语序列这一心理学上所指的第二信号系统的符号，主动接受词语所代表的事物的刺激，体味其中的含义，产生具体的情绪，并将这种情绪通过一定的语气展现在有声语言和副语言里。而形象感受的特点在于透过词语序列感知主客观事物，通过视觉、听觉、味觉、嗅觉、触觉及空间、时间、运动知觉等产生内心活动。也就是要求创作主体通过想象、联想，主动接受词语的形象刺激。在边体味、边表达的过程中，感受既是具体的，又是综合的。说它具体，是因为播音主持创作主体透过词语序列，想象和联想词语表达的人、事、物、理的个别性、特殊性。这种个别性、特殊性引发并活跃着播音主持创作主体的形象感受。说它综合，是因为播音主持创作主体透过词语序列感知词语表达的整体性。这种整体性决定了播音主持创作主体以词语形态进行的各种人、事、物、理的形象感受都不是孤立存在的。也就是说，播音主持创作主体在话筒前、镜头前所说的每一个词语、每一段话，都是为推介一个人物，描述一个事件，说明一个事实，讲清一个道理，它们相互关联、相互支撑。只有做到形象感受的综合性、词语表达的连贯性，创作活动在感性方面的基础才是稳固的、具体生动的，而非笼统空泛的。

二、知觉、知性与知性判断

知觉和感觉同是心理活动，但知觉比感觉更复杂、更完整，更注意整体形象和相互联系。因此，在创作的知性活动方面，在感觉基础上，我们更强调知性判断的必要性。"所谓知性，是指人们对人、事、物、理概念、范畴的相关知识。"[①]知性判断则是"对语言目标行为的主观确认"[②]。

比如任何节目文稿或话题，对播音主持创作主体来说，在对词语感受的同时，必然伴随着对事实内容的确认、对事实意义的确认、对话语结构的确认、对情感调动的确认、对表达方式的确认，等等。所有这些确认的背后，都经历着创

---

① 金重建：《播音创作主体论》，中国广播电视出版社2008年版，第86页。
② 同上。

作主体对文本知识和社会实践知识的提取、鉴别、感受和判断,尽管这一过程因所反映内容、形式和创作主体的经验、反应有快慢精粗之差异,但播音主持创作主体始终努力将有声语言和副语言展示给接受主体。如果说事实内容、事实意义和情感调动的确认,跟创作主体的文化水平与社会实践密切相关,那么对话语结构、表达方式的确认,则与语言逻辑学习和表达实践感受不可分离。

具体来说,任何文本结构或话题,都有思路、文路的起承转合,也都存在各种关系组合、聚合的言语逻辑链条。从有声语言和副语言表达角度来看,作为播音主持创作主体,对这些思路、文路的言语链条的掌控,只有最终落实于语句的具体处理,才能真正被接受主体认可。正是在这个意义上,播音主持的内外部技巧,如并列、对比、递进、转折等逻辑关系及其表达技巧,就有了存在的永恒价值。

来看马致远的小令《天净沙·秋思》:"枯藤老树昏鸦,小桥流水人家,古道西风瘦马。"九个词语分开看,一个词语一个意象。"枯藤老树昏鸦"组合在一起,笼罩着一种衰败、凄凉的景象,在这种氛围下出现的"小桥流水人家"不免孤寂、清冷。"古道西风瘦马"似乎在预示:尽管这里人烟稀少,却还是有生命存在。而就在这样的客观景象描写中,作者巧妙地托出漂泊天涯、和马同行的主人公形象。一般诗词总是先写景后写情。这位主人公情在何处?"夕阳西下,断肠人在天涯。""断肠"两个字将主人公内心的伤感通过客观、外在的描述表达到极致。这首小令题目中抽象的"秋思",全被内容的具象所化开,从词语感受、形象感受到逻辑感受,从具体感受到整体感受,都不是互相割裂的,而是被秋思的情感所统率、所蕴涵的。

综上所述,在有声语言创作过程中,无论感性还是知性,对播音主持创作主体来说,都不应停留于思维认识阶段,而必须转化为内心感受,并通过有声语言和副语言表达出来。感性可以偏重于词语组合的形象感受,知性可以偏重于词语结构的逻辑感受。就分析而言,它们是具体的,都在寻求可感性;但就创作而言,它们统属内心感受和内心反应,是综合中的具体。在形象感受、逻辑感受这些具体感受基础上,要将其综合为整体感受。张颂先生指出:"逻辑感受使我们把握住整体序列的不可移易,形象感受使我们把握住分段扩展的心驰神往。"他还指出:"形象感受与逻辑感受互相结合,把文本的序列、扩展、全貌、细节尽收眼底。在这个时候,创作主体便可以极尽纵横捭阖之能事。"这里的"形象感受与逻辑感受互相结合",既是具体感受的融合,又是整体感受的开始。只有具备了整体感受,才能深化感受,让各种具体感受有所归依。

三、理智、理性与理性思辨

在日常生活和工作中,我们称那种容易冲动、仅凭感情用事的现象为缺乏理智。而理智则表现为主体能辨别是非、利害关系,进而能控制自己的言语和行为的能力。这种能力从认知角度而言,就是与感性相对的理性。理性是指人们对人、事、物、理作出判断的思维运动。播音主持的创作过程,感性伴随知性,同时伴随理性。知性判断侧重于人、事、物、理的真实、可信、具体、细致;理性思辨则侧重于人、事、物、理的对立统一、内在联系。因此,理性思辨成为具体感受走向整体感受这一思维表达过程的重要一环和必经之路。

就播音主持创作主体而言,理性思辨在把握传播内容与时代、社会的关系和定位,把握传播内容与内容之间、形式与形式之间的关系和定位,把握有声语言内部结构的关系和定位,整合有声语言逻辑感受和形象感受的关系和定位等方面尤为突出。相对于有声语言感性、知性的具体化、定向化,理性更显示出综合化特征。

王元化先生在谈到知性与理性的关系时指出:"知性不能认识到世界的总体,不懂得一切事物都在流动,都在不断地变化,不断地产生和消亡。"[①]而辩证法却能够"克服知性分析方法所形成的片面性和抽象性,而使一些被知性拆散开来的简单规定经过综合,恢复其丰富性和具体性,从而达到多样性的统一"。[②]王先生所说的辩证法优点,也就是理性思辨的力量所在。

媒体每天的传播内容和形式,有预设,也有变化,无论是预设还是变化,都在于社会的发展运动和受众的需求。然而,同是主体间的交流,传者和受者毕竟责任不同,媒体具有社会引领责任,这就促使任何媒体的播音主持创作主体必须树立政治意识、大局意识、责任意识。就具体节目来说,只要主题、结构框架和词语组织基本定位,有声语言表达的自足性也就有了保证。但是,这并不意味着传者可以不假思索地完成任务。理性思辨的意义在于让播音主持创作

---

① 王元化:《论知性的分析方法》,引自《九十年代反思录》,上海古籍出版社2000年版,第258页。
② 同上,第257页。

主体针对具体节目,联系与它相关的社会文化背景和历史现实状况,权衡利弊,结合传播语境以及受者文化层次与接受水平,给出相应的言语格调和语气分寸,并贯穿于节目的各个环节。如果我们把感性活动、知性判断定位在有声语言表达的微观层面,那么理性思辨就相对处于有声语言表达的宏观层面。就像戏剧表演理论中的"第三只眼",理性思辨对播音主持同样起着观察分析和调检回馈的指导作用。

四、觉悟、自觉与悟性生发

一般意义上的觉悟,指的是人们由迷惑、糊涂到明白、理解的思想认识过程。播音主持创作主体能够实践感性、知性、理性这一播音主持创作水平的提升路径,也是对播音主持创作理论与实践的一种觉悟。但是,睁眼看稿不动脑、张嘴念稿不动心、节目主持无主见、话题组织无头绪等背离播音主持创作道路的现象也偶尔会在节目中出现。播音主持创作主体应学习播音主持创作理论,坚持正确的艺术创作道路,做到创作自觉。

自觉是一种自我意识。播音主持创作自觉是创作主体在政治意识、大局意识、受众意识及社会责任意识指导下,遵循创作规律、实践创作理念、坚持正确创作道路的一种觉悟,也是形成播音主持创作艺术魅力的主观条件。哪怕是一场球赛转播,播音主持创作主体的立场倾向和语言表达的分寸把握,都能将其创作自觉意识的强弱呈现得淋漓尽致。

悟性一般指人们对事物的分析理解能力。播音主持的创作悟性,是指创作主体驾驭播音主持作品时所具备的,在感性、知性、理性基础上形成的理解与表达能力。有声语言和副语言表达形态的构成,有内容因素,也有形式因素和技巧因素。播音主持的创作悟性要求创作主体既不脱离有声语言和副语言的表达形态进行构思创作,又能透过表达形态抓住表达的精神实质。这就不是语言本身所能解决的问题,它关系到和语言表达有关联的其他方面的取舍,是创作主体经验知识和表达语境直接碰撞后的语言呈现。通过语言呈现反映语言背后的社会文化,包括创作主体个人的文化积累。

生发有滋生发展之意。所谓悟性生发,强调的是创作主体悟性的开发拓展。悟性能力有天生的影响,又非天生决定一切,后天的学习能够培养促进悟性生发的环境。佛学中对"觉悟"有"渐悟""顿悟"的说法。播音主持中的创作觉悟过程也有高低快慢之分，它不是单靠表达实践就能获得的，必须由创作主体在表达实践中有意识地学习、体会和积累。它是创作主体长期实践的灵感呈现。这里的实践包括文化学习实践、社会生活实践、节目采编制作实践、有声语言和副语言表达实践。有声语言和副语言创作悟性最终正是通过有声语言和副语言表达实践得以展现的。因此，对表达实践这一环节来说，可以将有声语言和副语言的悟性开发作为基础与核心。但这绝不等于可以忽略其他环节的努力，因为它们是相辅相成、同生共荣的关系。

第二节 播音主持创作风格的形成

古今中外，对风格的论述有不少。在文学创作中，风格指的是作家通过作品体现出来的综合性的特点。一个作家的个人风格，可以反映出一个流派、一个社会、一个时代、一个民族的风格，因为"作家的生活道路、思想、感情、个性"，以及"生活知识积累的广度和深度"对他"选择的题材"和"运用文学语言的习惯和特色"[①]都有莫大的影响，最终构成他有别于他人的特色。刘勰曾说："才有庸俊，气有刚柔，学有浅深，习有雅郑，并情性所铄，陶染所凝，是以笔区云谲，文苑波诡者矣。"他在《文心雕龙·定势》中说："章表奏议，则准的乎典雅；赋颂歌诗，则羽仪乎清丽；符檄书移，则楷式于明断；史论序注，则师范于核要；箴铭碑诔，则体制于宏深；连珠七辞，则从事于巧艳……"曹丕在《典论·论文》中也说："奏议宜雅，书论宜理，铭诔尚实，诗赋欲丽。"这些论述实际上都从主客观两方面解释了作家作品风格形成的缘由。

法国布封有一句名言："风格即其人。"强调了人的主观意识及其掌握的创作手段的重要性。他在《论风格》一文中这样说：

> 作品里面所包含的知识之多，事实之奇，乃至发现之新颖，都不能成为不朽的确实保证；如果包含这些知识、事实和发现的作品只谈论些琐屑对象，如果他们小得无风致，无天才，毫不高雅，那么，它们就会是湮没无闻的，因为知识、事实与发现都很容易脱离作品而转入别人

[①] 秦牧：《艺海拾贝·鲜花百态和艺术风格》，上海文艺出版社1978年版。

手里,它们经更巧妙的手笔一写,甚至于会比原作还要出色些哩。这些东西都是身外物,风格却就是本人。

可见,所谓"风格却就是本人",指的不仅仅是作品的内容,也不仅仅是作品的形式,更重要的是作品的境界,"风致""天才""高雅"等就是境界的标志。换句话说,作品境界必须通过创作主体来完成,必须将知识、事实和发现融于创作主体的见识、体验中,才可能变身外物为身内物,成为具有本人风格的作品。这段话告诉我们:创作风格受到创作主体所处环境地点、风土人情、个人学识修养和理想意志的影响,作品风格只是个人意识情感倾向通过一定的创作方法和手段体现出来的某种符号特征而已。

因此,个人风格的形成,既要养人,也要养文。这里的"文",非仅仅指文章,而是泛指一切艺术。张颂先生曾说,风格是"成熟稳定的艺术特色""独特的艺术个性"[1]。本节我们就从播音主持作品的创作实践角度来谈论播音主持创作风格的形成。

一、反映新的世界

"艺术家对现实的反映一方面具有不可重复的独创性,另一方面这种独创性又正是客观真实的深刻揭示。"[2]所谓"反映新的世界",指的是创作主体敢于并善于从新的理念、新的角度、新的思路出发,揭示主客观世界真实状况的活动。

揭示自然界和人类社会一刻不停地处于动态变化中的主客观世界真实状况并非易事。以广播电视新闻为例,从后台的采编摄录人员到前台的播音员、主持人,他们的观察、辨析、判断能力如何,直接关系到所报道事实选择是否得当,表达是否深刻。

如2012年国内外政治、经济、文化、军事形势风云变幻。国际上,中菲黄岩岛事件、中日钓鱼岛事件不断升级;在国内,国庆长假发生的高速公路拥堵、景点"井喷"现象层出不穷,这些事件带来了大量新闻、评论。播音主持创作主体看问题的视角决定了选择新闻、发表评论的不同立场、态度,进而影响有声语言

---

[1] 张颂:《朗读美学》(修订版),中国传媒大学出版社2010年版,第7页。
[2] 王朝闻:《美学概论》,人民出版社1981年版,第282、283页。

和副语言的表达。无论对黄岩岛还是钓鱼岛的主权归属,我国政府一直态度鲜明,同时坚持"有理、有利、有节"的战略方针,坚持通过外交协商解决有争议事态,这就决定了播音主持创作主体播送这些新闻事件时的内在逻辑支撑力。如果对中菲、中日争端岛屿的历史事实没有足够了解,对菲、日国家综合实力,对作为后台的美国的综合国力没有足够把握,作为中国政府和人民喉舌的播音主持创作主体,对有声语言和副语言所表达的分寸火候就难以拿捏,通过传播所应体现的媒体权威性和风格感染力就难以充分展示。同样,对国庆长假发生高速公路拥堵和景点出现的"井喷"现象,如果播音主持创作主体的理念、立场、视角不同,向接受主体揭示的新闻"世界"也就可能大相径庭。

二、构建新的语汇

播音主持创作主体反映新的世界、联系接受主体的主要媒介是有声语言和副语言。有声语言和副语言离不开文本语言和内部语言。因此,任何一个以有声语言和副语言为主要手段对世界进行反映的播音主持创作主体,构思的轮廓再鲜明,表达环节的设计再清晰,也不容忽视在正确选择词语、准确运用辞格、确定恰当句式等方面的基本功。

所谓构建新的语汇,指的就是创作主体运用恰切的词语、辞格、句式以达到揭示世界真实状况之目的的活动。

如面对日方罔顾史实,对钓鱼岛采取所谓"国有化"等非法行为,中国国务院新闻办公室的白皮书以中国"最早发现""命名"钓鱼岛,派遣使臣"册封","长期管辖"钓鱼岛,"中外地图标绘"也一直将钓鱼岛"列入中国版图"等词语,将钓鱼岛是中国领土不可分割的一部分,中国对其拥有无可争辩的主权,概括于一系列史实之上。史实理据充分有力,表达了鲜明的立场观点。

又如在一些媒体指出2012年国庆长假期间景点"井喷"是由管理制度缺失所致的同时,北京一署名"秋风"的学者在景点"井喷"现象中看到的则是中产阶级的不文明行为,认为需"复礼"。复的什么礼?"礼就是自发形成的人际交往的习惯性行为规则;熟人之间的交往规则、陌生人之间的交往规则;婚丧嫁娶之仪式,商业交易之习惯;公共场所的惯例,汽车上路的规则;写信的敬语、见面的礼节等。所有这些都是礼。"①他列举广州一区武装部长与妻乘飞机,因其座位上方的行李箱已满,空姐建议将行李放到更前面。他们从不愿意、开始争执到发生身体接触,空姐手部淤青、脖子、身上有多处挠痕,衣服也被撕裂;一中国籍乘客乘坐瑞士一国际航班由苏黎世飞往北京,因向后调整座椅,与后排另一中国籍乘客产生纠纷、打斗,造成该航班被迫返航;四川航空一次由南宁飞往哈尔滨的航班经停武汉,一男士为拿行李,穿着鞋子踩到前排一乘客座椅上,双方发生争执并动手,后排旅客的几个朋友非但不劝阻,反而围攻前排乘客,航班安全员前来阻拦,也被殴打。这位学者将这三组乘客列为典型的中国中产阶级成员:政府官员、商人和城市白领。"无礼""野蛮""空虚""粗鄙""不文明"等词语对应于"在公共场所大声说话""随地吐痰、丢垃圾""别人排队他插队""行人过斑马线,他的汽车加速冲过"等现象,并用孔子《曲礼篇》"鹦鹉能言,不离飞鸟。猩猩能言,不离禽兽。今人而无礼,虽能言,不亦禽兽之心乎?""人有礼则安,无礼则危"等语句,警示当今社会存在"没有礼,没有礼的教化机制"的危害。

由于播音主持创作主体所掌握的词汇量和所运用的辞格、句式不同,新的语汇构建所形成的不同语言结构,会直接影响播音主持创作主体的表达模式和风格。如以上白皮书需要向世人正式宣告而采用宣读式表达,在"中产阶级需要复礼"理念下围绕人们身边事发表议论需要讲解式表达,就和文本的整体语汇构建有密切关系。不同的语汇会带给人们不同的心理感受。

我们再来比较同是电视片配音的下列三个语段:

> 这是位于宁波市江东区的镇安小学,现在是早上的 8 点 10 分,以往的这个时间学生们都应该安静地坐在教室里,认真听老师讲课。但是奇怪的是,在这里我们看到的却是另一幅场景。校园里、操场上到处是在进行体育锻炼的小学生,还有不少学生刚刚告别自己的家长,从容有序地跨进校门,开始他们一天的学习生活。

> 这场改革是对普通高中办学中长期实行的僵化课程体系和整齐划一育人模式的颠覆性变革。因为改革富有力度和锐度,而且率先在

---

① 秋风:《中产阶层需要"复礼"》,九州书院微信公众号。

一个有着五千多万人口的省域范围内全面推行,方案的提出和实施无时无刻不承受着来自多方面的拷问。这是一个充分沟通求证、集思广益的过程,一个不断消除疑虑、深化认识的过程,也是一个逐步统一思想、形成合力的过程。"选择",是这一改革的主旋律。深化普通高中课程改革的核心就是落实选择权:落实学生对课程学习的选择权;落实教师对课程开发的选择权;落实学校对课程设置的选择权。三个选择权中,最为根本的是学生对课程学习的选择权。

  德国柏林当地时间11月7日上午,由浙江大学和柏林工业大学、自由大学、洪堡大学共同主办,12所德国高校参与的2012年"德国浙江大学周"活动,在柏林工业大学举行了开幕仪式。浙江大学校长杨卫、柏林工业大学校长约尔格·施泰因巴赫、中国驻德国大使馆公使李念平等在开幕式上致辞。[①]

  第一、三个语段为电视新闻片导语,第二个语段为电视专题片解说词。第一个语段谈话式表达的语气贴近日常生活,听来更亲切、更轻松,第三个语段在告知大学周开幕仪式发生地点、时间和主办方的同时,流露出一种对这种友好合作的赞许色彩,播报式表达的语气更开放、更自然。而相比之下,第二个语段的解说词,有关教学改革的术语和描述语:"僵化课程体系""整齐划一育人模式""颠覆性变革""沟通求证、集思广益""消除疑虑、深化认识""统一思想,形成合力",以及递进排比句式所形成的文本整体,评论色彩更浓,播报加宣读式表达更能显示冲出重围、锐意进取的改革气势。

  对播音主持创作主体来说,以文字呈现的语汇构建结构和以内部语言外显的语汇构建结构,由于都未脱离语言基本结构体系,也就都可纳入文本整体看待,区别只在一个有形(有文本依据)、一个无形(仅有内心依据)而已。通过播音主持创作主体对现实世界的观察、辨析、判断,形成内部语言,再外化为有声语言和副语言,和播音主持创作主体通过对文字语言的观察、辨析、判断,再将其转化为有声语言和副语言,创作路径及传播目的可谓殊途同归。对用"新的语汇"构建来反映"新的世界"的理解,不必以前无古人、开天辟地为标准,而宜

---

① 浙江省教育技术中心分别于2012年10月、11月、12月制作的电视新闻。

从观察世界的新思维、新角度,表达词语的新意图、新境界出发。停连、重音、语气的不同处理,语节的疏密、声音的起伏、抬头的时机、眼神的流转,这些看来仅仅属于有声语言和副语言表达技巧的东西,却无不连接着内容主题、词语结构,直接影响播音主持创作风格。

三、创造新的语境

一定的语汇形成一定的语体,一定的语体既依赖于一定的语汇,又规范、统率着一定的语汇。语体是创造语境的前提,语境通过一定的语体得以实现。比如,"我抬起头看见月亮,低下头思念起故乡",作为日常谈话语体,易于人与人之间的直接交流,可以形成亲切的谈话语境;而"举头望明月,低头思故乡",则诗中有画,画中有人,加上诗具有的平仄格式和押韵规则,吟诵起来就极易产生丰富的联想与美感,形成诗的意境。其他如新闻报道、观点评论、配音解说、节目主持等都会受相应的节目形式和语言表达规范的制约。

所谓"创造新的语境",指的是创作主体为反映新的世界,通过构建新的语汇而在语言环境的谋划设计上有所作为。

受创作主体所处环境、受教育水平、社会经历与身份、表达功力的影响,加上各国家、各地区、各传播媒体的不同要求,不同创作主体用以反映新的世界的新的语汇可谓色彩纷呈、各有特色。当创作主体对语体有一定的认识,注意到各类语体间的不同特点,懂得新的语汇对形成一定语体乃至构成一定语境有重要影响时,他将更好地用有声语言和副语言创造新的语境。

前面我们讲到以国务院新闻办公室名义向国内外受众发布的白皮书,以深厚的史实来支撑中方拥有钓鱼岛主权的深刻社会历史语境;讲到因为国庆长假实行高速公路免费通行、景区实行优惠价格而发生拥堵和"井喷"现象,"秋风"却从一个侧面发现新中产阶级缺失礼数、亟须以"复礼"教化而表现出的现实说理语境;还讲到不同层次的校园场景,如反映因地、因校制宜,用弹性上学方式促进孩子健康快乐成长的小学教学改革语境;以突出学生自主选择学习课程为主线的高中教学改革语境;以中外大学合作显示友好交流的语境等。这些不同的语境氛围,虽然以不同的媒介传播,却都以政论、报道等语体和电视专题片配音等语体融合的形式,通过播音主持创作主体有声语言和副语言的创作得以呈现。

以上谈到的语境,主要是由文本形式构成的语体作为它们的基础。而实践中,语境形成的基础也存在无文本形式的语体,这种情况我们又该怎么看待呢?无文本形式的语体,看上去创作主体手头空空如也,但不可否认的是,只要创作主体张口说话,他说话的思路还是脱离不了所使用的语言基本组织结构。这以广播电视直播节目中出现的即兴评述最为典型。即兴评述创造的语境,往往跟评论类政论语体的表达特点紧密联系在一起。在评述内容确定主题、论点之后,论据是否真实可靠、论证方法是否恰当有力等,就成了创作主体在这种语境中必须关注的要点。看似无文本形式的背后,仍然被文本的内在结构支配着。正如张颂先生曾要求的"有稿播音锦上添花,无稿播音出口成章"。

如央视特约评论员对社会热点问题展开的评论,就跟评论员对政论语体特点的认识和对表达方式的娴熟掌握有关:在《国家中长期教育改革与发展规划纲要(2010—2020年)》面向社会第二次征求意见时,特约评论员以《希望教育改革锐度十足》为题,先抓住"均衡发展"难度大的矛盾,分析了不能均衡发展的原因,指出教育资金投入的捉襟见肘,不能简单地"裁高就低",需要兼顾效率与公平;又抓住"未来十年"教育发展的理念,指出了解决农民工子女教育问题的重要性和紧迫性。

在解读2011年中央一号文件关于国家水利建设的薄弱问题时,特约评论员根据国家总体上缺水,而水的分布时空不均匀的情况,抓住国家基础设施的一个"明显短板"和确保粮食安全的一个"最大硬伤"这两个关键词,以缺人、缺资金、缺管理为问题的突破口,谈出自己对中国水利发展的看法与建议。

特约评论员注意用事实作论据,让想象空间虚中有实,既看到存在的问题,又提出解决问题的措施,这样才能使接受主体将信心建立在实事求是的基础上。创作主体在和接受主体的交流中,通过自己的分析论证而让接受主体或产生共鸣,或得到启示。这就构成了即兴评述的独特语境。

四、寻求新的表达

张颂先生曾经说过,播音主持"风格的占有者,必须是独创者,不接受现成公式,不追赶时髦,却钟爱独特体验、独特感受、独特表达样态"。[①] 梅益先生也

---

① 张颂:《播音语言通论》,北京广播学院出版社1994年版,第81页。

曾要求,"播音员不能老是一种腔调,必须根据不同的题材采取不同的播法"。①

强调"独特体验、独特感受、独特表达样态"和要求"不能老是一种腔调,必须根据不同的题材采取不同的播法",都意在寻求表达风格的创新和独有。如何认识播音主持风格的创新和独有?我们先来看一个欧洲音乐史上至今仍值得称道的实例:

亨德尔,这位与巴赫同龄、1685年在德国哈雷出生、欧洲巴洛克时期的意大利歌剧作曲家,早期献身歌剧艺术,创作了近50部意大利正歌剧。1726年他获得英国国籍。1728年他的《乞丐歌剧》上演成功,连续演出62场。但此后人们开始不买亨德尔的账,歌剧院倒闭,亨德尔的收入受到严重影响,这促使他开始反思自己的创作风格。后来,亨德尔潜心创作清唱剧,终于通过23部清唱剧重获成功。亨德尔重新获得成功的最直接的原因是拉近了与英国受众的距离。具体表现在创作中,他以英国中产阶级思想与行为模式为对象,题材上采用英国人熟悉的《圣经》内容,甚至直接引用《圣经》中的段落和词句,形式上则突破以往清唱剧中所用的意大利语演唱模式,大胆采用英语演唱模式,消除了演唱者与受众间的语言障碍,因此受到大家的欢迎。

这一实例从音乐创作发展的角度,说明风格的创新和流行,并非是创作主体个人意愿所能左右的。重视社会环境、满足受众需求,是任何艺术作品被受众接受与认可的一个前提。

以有声语言和副语言作为表现手段的播音主持,它的创作风格当然也要以受众愿意接受和认可为原则。实际上,在考量节目成功与否、播音主持创作主体的有声语言和副语言的表达有效与否的时候,受众的接受和认可程度也是一个重要指标。

纵观中国共产党领导下的广播电视发展史,特别是自改革开放以来,广播电视迅速发展,出现了大量广播电视主持人节目和节目主持人,为有声语言和副语言的传播开辟了新的研究园地。但就表达风格研究而言,目前对于有稿播音的评论,大多从内部技巧如情景再现、内在语、对象感的把握,和外部技巧如停连、重音、语气、节奏等方面分析;而评论节目主持,更多是从策划创意,运用不同词语、辞格来叙事、讲解、提问、评论等方面分析。但无论有稿播音还是无

---

① 广播电影电视部政策研究室:《梅益谈广播电视》,中国广播电视出版社1987年版,第108页。

稿播音，从有声语言和副语言表达这一研究角度看，一个不容忽视的问题是，都存在"你中有我，我中有你"的交融特性。比如：有稿播音同样得关注不同的策划创意，不同的词语、辞格，关注叙事、讲解、提问、评论的不同样式、体式及表达手法，而无稿播音若不注意内外部技巧的综合运用，有声语言和副语言的感染力就会削弱。换句话说，反映新的世界、构建新的语汇、创造新的语境，都必须落实于寻求新的表达上来，需重视播音主持内外部技巧的综合运用，才有可能展示出有声语言和副语言传播艺术的风格特征，成就张颂先生一再呼吁的培养、催生当代中华民族有声语言传播的典范。

  毛泽东写的《七律·长征》，多少艺术家朗诵过它，而齐越、夏青的朗诵尤为独特。那抑扬顿挫的语势变化中，既饱含个人文化知识、社会经验的积淀，也饱含创作方法、表达手段，包括对诗词韵律知识的掌握。齐越用在战争年代的亲身经历作为联想对象，通过朗诵式表达，让人情不自禁地被红军的革命乐观主义精神所感染；夏青深厚的古文功底，通过宣读式表达，历史的厚重感油然而生。如此具有创作主体独特体验、独特感受，尤其是独特表达样态的有声语言典范之作，不仅在它们播出的时代受到大众的欢迎，至今听来也令人敬佩和感动，这样的有声语言表达创作值得每一位从业人员学习继承和发扬光大。

  有声语言呈现的境界是否高雅、是否通俗，与播音主持表达是否得体、是否准确息息相关。这里的高雅、通俗、得体、准确，不只是在形式上正确运用节目语体，追求遣词造句的到位，更要求创作主体根据不同时期、不同媒体和不同受众的需求，正确运用内外部技巧，将新理念、新情感通过一定的语气、节奏、眼神和表情变化，注入有声语言创作之中。只有如此，才不至于说起自己的事情、用自己的语言时活灵活现、头头是道，讲述别人的事情、转述别人的语言时便无动于衷、平淡苍白；只有如此，创作主体的个人性格特征和节目语体特征才可能有机结合，有声语言才不至于出现"千人一面、万人一体"的"播音腔""主持调"等同质化现象；也只有如此，随着播音主持语体样式的不断丰富，才可能产生紧跟时代发展的语体兼容现象，"寻求新的表达"才有可能真正实现"创造新的语境"。

  以上从创作实践和风格形成的角度出发，说明反映新的世界是所有传媒人尤其是播音主持创作主体的责任所在，构建新的语汇是播音主持创作主体孜孜以求、苦心经营的重点，创造新的语境是播音主持创作主体努力追求的目标，寻求新的表达则是播音主持创作主体每一次在话筒前、镜头前付诸实施的艺术特色之所在。

第三节　播音主持艺术的创作前景

当我们了解了播音主持创作水平的提升路径,懂得了播音主持创作风格的形成基础和表现,在学习中甚至还参与了一些播音主持实践活动,那么,再来看有关播音主持正确创作道路的阐释,也许能产生更深刻的体会。张颂先生将播音主持正确的创作道路概括为:

> 站在无产阶级党性和党的政策的立场上,以新闻工作者特有的敏感,把握国内外形势的发展变化和人民群众的思想实际,准确及时地高效率、高质量地完成"深入理解——具体感受——形之于声——及于受众"的过程,以积极自如的话筒前、镜头前状态,进行有声语言的创作,达到恰切的思想感情与尽可能完美的语言技巧的统一,达到体裁风格与声音形式的统一,准确、鲜明、生动地表达出语言文化的精神实质,展现时代风貌,充满人文关怀,发挥广播电视教育和鼓舞广大人民群众的吸引力、感召力。①

这段论述指明了播音主持的创作功能是发挥广播电视教育和鼓舞广大人民群众的吸引力、感召力。因此,播音主持的创作目的很明确,就是为了准确、鲜明、生动地表达语言文化的精神实质,展现时代风貌,体现人文关怀。为了达到这一目的,首先要有正确的原则立场和方法,即必须从党性和党的政策角度考虑问题,要有高度的新闻敏感,善于观察、分析和把握社会实际。其次要落实于创作实践,即创作过程的准确及时和创作状态的积极自如。创作过程应既求高效率,更求高质量。达到两个统一,即恰切的思想感情与尽可能完美的语言技巧的统一,体裁风格与声音形式的统一。播音主持正确创作道路的归纳和阐述,是我国历代播音前辈在实践基础上的理论结晶。

---

① 张颂:《播音创作基础》,中国传媒大学出版社2011年第3版,第18页。

现代传播技术飞速发展，新闻传播事业日益兴盛，传媒的种类和传播的速度，都是以往任何时代所不可比拟的。

展望播音主持艺术的创作前景，可以说，以有声语言和副语言为主要创作手段的每一位播音主持创作主体，需要认真领悟并掌握播音主持两种主要创作能力，即文本语言转化为有声语言的能力、内部语言外化为有声语言的能力。它们是获得准确、及时、高质、高效传播的重要抓手。

文本语言是社会实践的产物，映射着创作主体的创作思想、原则、方法与技能。文本语言历史悠久，它能反映社会、自然的方方面面。将文本语言转化为有声语言是一种创造。文本的构成有题材和体裁两大要素，播音主持创作主体必须熟悉各类语体的特点，善于迅速透过语体去观察、感受文本所反映的主客观世界。只有将这种认识理解与文本主体的认识理解融会贯通，才可能真正与文本主体一起完成报道、传播任务。这时，播音主持内外部技巧才有用武之地，所谓"转化"而非"转变"的创作能力才得以真正发挥，播音主持创作主体的风格特色也才得以展示。

内部语言的组织与外化，看起来简单随性，实际上一旦脱离社会生产、生活实践，脱离理论学习实践，想要出口成章就是一种奢望。播音主持创作主体必须强调并重视将社会实践能力的锻炼和文本语言的学习与提高作为自己的创作源泉与基础。内部语言的外化能力更多地呈现于现场报道、专访、座谈和节目主持等即兴表达中。

自然的百花争艳、社会的丰富多彩、技术的日新月异、语体的千姿百态，都给有声语言表达开辟了无限广阔、斑斓的空间，关注社会政治、经济、文化的发展，关注民生的利益与疾苦，关注人与自然生态的和谐共处，播音主持的创作前景必与广播电视网络节目的发展一样灿烂辉煌！

思考题：

1. 何为播音主持中的感性活动？
2. 如何认识词语感受和形象感受？
3. 如何理解知性和知性判断？
4. 理性思辨在播音主持中有何作用？
5. 谈谈你对"语感通悟"的认识。
6. 构建新的语汇对反映新的世界、创造新的语境有何作用？

7. 为什么说寻求新的表达是播音主持艺术特色所在?
8. 文本语言转化能力的培养应从何入手?
9. 你认为内部语言外化能力的基础是什么?
10. 文本语言与内部语言"转化"能力的培养与提高,为何能展示播音主持的创作前景?

参考书目

1. 方展画:《高等教育学》,浙江大学出版社2000年版。
2. 陈力丹:《新闻理论十讲》,复旦大学出版社2008年版。
3. 金重建:《播音创作主体论》,中国广播电视出版社2008年版。
4. 徐宝璜:《新闻学》,时代文艺出版社2009年版。
5. 张颂:《播音语言通论——危机与对策》,北京广播学院出版社1994年版。
6. 梁伯龙:《电视表演学》,北京广播学院出版社2002年版。
7. 高行健、方梓勋:《论戏剧》,台湾联经出版事业股份有限公司2010年版。
8. 王兰柱等:《中国电视节目评估——理论与实践》,中国传媒大学出版社2007年版。
9. 徐恒:《播音发声学》,北京广播学院出版社1985年版。
10. 张颂:《中国播音学》,北京广播学院出版社2003年版。
11. 陈京生:《电视播音与主持》,北京广播学院出版社2000年版。
12. 姚喜双:《播音主持概论》,高等教育出版社2012年版。
13. 张颂:《播音创作基础》,中国传媒大学出版社2011年第3版。
14. 王德春、陈瑞端:《语体学》,广西教育出版社2000年版。
15. 黎运汉、盛永生:《汉语修辞学》,广东教育出版社2006年版。
16. 张颂:《播音主持艺术论》,中国传媒大学出版社2009年版。
17. 张颂:《诗歌朗诵》,北京广播学院出版社2001年版。
18. 王朝闻:《美学概论》,人民出版社1981年版。
19. 王元化:《九十年代反思录》,上海古籍出版社2000年版。
20. 张颂:《朗读美学》(修订版),中国传媒大学出版社2010年版。

后 记

"播音主持艺术导论"这门课程的讲授,从 2005 年算起,已有十个年头。本着让学生真正认识播音主持,既看到它的现状,又了解它的过去,还能想到它的未来,激发他们愿意为播音主持事业奉献一生的精神,我在"播音主持导论""播音主持概论"课程相关教材、讲义的基础上,结合广播电视网络出现的各种播音主持现象与碰到的实际问题,注意借鉴、吸收国内外有关哲学、语言学、新闻传播、艺术理论及播音学的最新成果,用以解剖、分析各种现象与问题的实质,总结归纳出一些带有规律性的特点。同时,注意调动学生们学习这门课的主动性、积极性、自觉性,促使他们在学习实践中努力提高思辨力,增强表现力。

播音主持,从有声语言和副语言为创作手段和传播特色这个角度去认识,它涵盖了目前广播电视网络中几乎所有的新闻、政论、文艺、体育及各种专题节目等的播音、配音、主持等。作为一门实践性很强的学科,对播音主持各种术语、概念的界定和阐述,没有一定的理论功底和实践经验,教学中就会遇到许多困惑。我的体会是:教师注意先学一步,弄懂弄通相关的概念和理论阐释,融会贯通于自己的教学实践,特别在重点、难点问题上,能给学生一定的实例示范,这对学生掌握这门课的理论知识,并重视理论与实践的密切结合,将产生事半功倍的效果。

本书在写作和教学过程中,曾多次和我的导师张颂先生交流,并向先生求教。2012 年 10 月先生在杭州治病疗养期间,我前往看望并带去书稿的打印稿,但看到先生的身体状况,不忍心,只留给先生一张目录。不想先生回京后于是年 11 月 10 日离开了我们。先生在杭最后一天和我的交谈中,还提到希望播音员、主持人能做到"德才超群,声形出众",至今言犹在耳,那深切的期盼难以忘怀!在此,谨借本书的出版告慰先生在天之灵!

本书撰写中可能会涉及的书籍、作者、出版社,除在书中注明外,不再一一列出,谨在此表示由衷的谢意!

感谢中国传媒大学出版社领导的支持,尤其要感谢播音主持编辑部主任赵欣及责任编辑蔡开松、李艳华、张笛,为本书所付出的辛勤劳动!

金重建

2015 年 6 月 29 日 13 点 19 分于浙江传媒学院第二实验楼 430 室

图书在版编目(CIP)数据

播音主持艺术导论/金重建著. -- 北京:中国传媒大学出版社,2016.3(2020.7 重印)
(播音与主持艺术专业"十三五"规划教材 21世纪播音与主持艺术专业核心教材)
ISBN 978-7-5657-1542-6

Ⅰ.①播… Ⅱ.①金… Ⅲ.①播音—语言艺术—教材 ②主持人—语言艺术—教材 Ⅳ.①G222.2

中国版本图书馆 CIP 数据核字(2015)第 285849 号

播音主持艺术导论
BOYIN ZHUCHI YISHU DAOLUN

著　　者	金重建
策划编辑	赵　欣
责任编辑	赵　欣　张　笛
责任印制	阳金洲
封面设计	拓美设计
出版发行	**中国传媒大学**出版社
社　　址	北京市朝阳区定福庄东街1号　邮编:100024
电　　话	86-10-65450528　65450532　传真:65779405
网　　址	http://cucp.cuc.edu.cn
经　　销	全国新华书店
印　　刷	北京中科印刷有限公司
开　　本	787mm×1092mm　1/16
印　　张	12.75
字　　数	228千字
版　　次	2016年3月第1版
印　　次	2020年7月第5次印刷
书　　号	ISBN 978-7-5657-1542-6/G·1542　定价　38.00元

版权所有　　翻印必究　　印装错误　　负责调换